Wilhelm von Hirsau · Reformer und Klostergründer

W0226902

Wolfgang Urban

Wilhelm von Hirsau
Reformer und Klostergründer

Schwabenverlag

Aus der Reihe SCHWÄBISCHE HEILIGE
Herausgegeben von Gabriele Miller

Alle Rechte vorbehalten
© 1991 Schwabenverlag AG, Ostfildern
Umschlaggestaltung: Ronald Parusel, Mössingen
Umschlagbild: Wilhelm von Hirsau, Abbildung aus dem Reichenbacher Codex,
Württembergische Landesbibliothek Stuttgart
Satz: Harald Schindler, Textverarbeitung, Langenargen
Druck und Bindearbeiten: Hirrlinger Druck, Reutlingen
Printed in Germany

ISBN 3-7966-0692-X

Inhalt

Zur Einführung

Kloster Hirsau - eine mehrgliedrige Kette von Erinnerungen verbindet mich mit diesem Ort. Als Kind war der bewachsene »Steinbruch« das Ziel von Sonntagsspaziergängen. Ruinen - Steinmauern, über die man klettern konnte, überwuchert von Grünzeug, Wiesen und Wege mit brüchigen Steinplatten - große Säulen, Bogen wie Kirchenfenster, Portale, irgendwo ein Turm, alleinstehend. Zunächst schien er mir nicht besonders betrachtenswert; es war halt ein großer Turm. Interessanter der Doppelgiebel eines Steinkastens, eines Schlosses vielleicht, aus dessen offenem Dach ein Baum mit stolzer Krone wuchs. Das zog mich an, noch nicht wissend, daß es die Ruine des spätesten Bauwerks ist, Reste eines Jagdschlosses, nach dem Untergang des berühmten Klosters gebaut, 1592 fertiggestellt, »Stuttgarter Renaissance«, wie man mich später belehrte. Faszinierend die große Ulme, von Ludwig Uhland besungen. Die Anspielung auf die Reformation und den Reformator, der gleich dem Baum das enge Haus gesprengt, verstand ich damals noch nicht.

Warum war das alte Kloster zerstört? Warum war so wenig übrig geblieben? Man zeigte mir im Calwer Museum ein altes Bild (von 1480). Es mußte ein stolzer Bau gewesen sein - diese Klosteranlage. Und ich sah eine Zeichnung von 1702; noch in den Ruinen begegnete einem die alte Herrlichkeit. Ich hörte von kriegerischer Zerstörung im Jahre 1692; der Name Mélac hat sich dem Kindergedächtnis eingeprägt. Wie konnte er nur! Hätte man das Kloster nicht wieder aufbauen können? Die Kirche wenigstens? Die Leute hatten kein Geld, so erfuhr ich. Doch nicht genug. Verglichen mit den stolzen Ruinen auf der fast 300 Jahre alten Zeichnung ist das, was heute noch steht, recht kläglich. Kein Wunder; das alte Kloster war dem Land und dem Ort ein billiger Steinbruch.

Und dann entdeckte ich den Eulenturm in seiner Eigenart - ich sah mehr als nur einen hohen Turm. Einfach quadratischer Grundriß, Quadersteine, Doppelbogenfenster, zwei und zwei, und stufenweise übereinander. Und oben an einem der Gesimse phantastische Figuren, ein Fries mit Löwen und Hirschkühen, mit sitzenden Männern - keiner weiß sie zu deuten: apotropäische Zeichen? Ein astronomischer Bilderfries? Immer wieder zog es mich zum übriggebliebenen Turm der alten Peter-und-Pauls-Kirche, 1091 eingeweiht - vor 900 Jahren.

Hirsau sei sehr bedeutend gewesen, viele andere Klöster seien gebaut worden wie Hirsau. Das machte mir als Kind wenig Eindruck. Es gab ja in Hirsau nicht einmal eine Kirche - eine katholische. Die der evangelischen Gemeinde war geschlossen und »damals« für Calwer Diaspora-Kinder kein »Besichtigungsziel«. Und wo war das alte Kloster, in dem die Mönche lebten, bevor sie das große, zur Ruine zerfallene errichtet haben? Irgendwo auf der andern Seite der Nagold sei ein altes Kloster gestanden; es sei nicht mehr viel übrig. Mehr wurde nicht erzählt, viel weniger gar hielt man die Überreste der Besichtigung wert.

Hirsauer Kloster-Ruinen mit altem Turm gehören also zu Kindheitserinnerungen. Und dann begegnete mir der Name wieder unter dem Titel »Reformklöster im Hirsauer Stil«. Es durfte nicht wahr sein - mein Sonntagsspaziergangsziel aus Kindertagen war ein so bedeutsamer Ort gewesen? War mir der Name des großen Abtes damals entgangen? An mir vorbeigerauscht, wie andere Namen? War er mir wieder in Vergessenheit geraten? Sicher begegnet und im Gedächtnis geblieben ist er mir nach der Einweihung der Aurelius-Kirche. 1955 erfuhr ich plötzlich von Hirsaus erster altehrwürdiger Kirche, von den Reliquien des heiligen Aurelius, einst von Mailand hierher gebracht. Die zu Scheuer und Abstellraum degradiert gewesene alte Kirche der Mönche von Hirsau war wieder zu dem geworden, was sie einst war, ein Haus des Gebets. Und dann war auch plötzlich der Name »Wilhelm von Hirsau« in aller Munde. Ein bedeutender Abt, Erbauer der neuen Klosteranlage, großer Reformer benediktinischer Spiritualität, einflußreich wie nur wenige zu seiner Zeit.

8

Mir scheint, meine Erinnerungsfetzen sind typisch: typisch für die langsame Wiederentdeckung großer geschichtlicher Zeit, die neue Begegnung mit einer bedeutsamen Gestalt unseres Raums.

Und - nicht zu vergessen: Wilhelm von Hirsau wurde sehr bald nach seiner Zeit als heiligmäßiger Mann verehrt: der selige Wilhelm von Hirsau. Noch ein Schwabe? Wir adoptieren ihn gern, den Regensburger. Denn bei uns im Schwabenland ist er schließlich ein Heiliger geworden! Und damit er nicht wieder in Vergessenheit gerät, dazu soll dieses Bändchen dienen.

Gabriele Miller

Wilhelm von Hirsau -
Umrisse seiner Gestalt und Wirkung

Er ließ niederreißen und hieß wiederaufbauen. Ganze Dörfer wurden auf seinen Wink hin bis auf den Grund zerstört, um auf ihren Ruinen anschließend eine herrliche Gottesstadt zu errichten. In der Mitte seines Lebens, bei der im Mittelalter ohnehin niedrigen Lebenserwartung zu einem Zeitpunkt also, an dem andere bereits die Geruhsamkeit des Lebensabends ansteuern, riß er das Ruder noch einmal herum, um als Pionier an die Grenzen der damaligen Zivilisation zu gehen. Obwohl von Kindesbeinen an nur hinter Klostermauern lebend, lag ihm jegliche Engstirnigkeit fern, dachte er in weltpolitischen Größenordnungen. Aus der Enge der Klosterzelle heraus griff sein Geist nach den Sternen, erforschte und beschrieb er die Gesetze des Universums, erklärte er Sonnen- und Mondfinsternisse. Die geheimen und verborgenen Regungen der menschlichen Seele waren ihm dabei ebenso vertraut wie die Bewegungsgesetze der Planeten. Umfassend gebildet zeigte er sich als hochspezialisierter Wissenschaftler, der auf vielen Gebieten wie der Musiktheorie und der Astronomie an der Spitze seiner Zeit stand, und agierte - modern gesprochen - zugleich als Manager. Als Gottesmann suchte er die Zurückgezogenheit, aus der heraus er lebte und die er liebte, und bewies sich dennoch als weltgewandter, geschickter Diplomat, fähig mit den Mächtigsten, mit Kaiser und Papst, zu verhandeln. Im Kleinen wie im Großen ein kluger, weitsichtiger Organisator, erleben wir ihn als einen Mann der »Kontemplation«, einen Mann des Nachdenkens, des Betrachtens, des Gebets also, und als einen des schieren Gegenteils davon, sozusagen als einen Mann der »Extemplation«, einen Mann der Öffentlichkeit, also des Handelns und der Tat.

Wilhelm von Hirsau, von dem hier die Rede ist, starb am 5. Juli des Jahres 1091. Sein Leben und seine Person werfen ein Schlaglicht auf eine epochemachende Ära des Mittelalters, sie lassen ihr geistiges Profil konturscharf erkennen, erhellen die dramatischen Jahrzehnte der zweiten Hälfte des 11. Jahrhunderts. In diesem Zeitraum fanden die kirchlichen und politischen Verhältnisse ihre für die nachfolgende Geschichte bestimmende Gestalt; in jenem Zeitraum entschied sich die Stellung von weltlicher und geistlicher Macht, wurden die Einflußsphären von Kaiser und Papst gegeneinander abgegrenzt.

Damals gewann die Kirche, auch wenn das im Lauf der europäischen Geschichte nie voll zu verwirklichen war, wenigstens grundsätzlich ihre Freiheit von staatlicher, von außenkirchlicher Bevormundung. Weltliche und geistliche Herrschaft - regnum (Regentschaft) und sacerdotium (Priestertum) - bildeten sich als die beiden tragenden selbständigen Säulen des mittelalterlichen gesellschaftlichen Kosmos heraus, jenes umgreifenden, alle Bereiche erfassenden und durchdringenden kirchlichen und politischen Systems, das sich selbst als »Heiliges Reich« - als »sacrum imperium« - verstand, als die Diesseitsform, die Weltgestalt, des jenseitigen, ewigen Gottesreiches.

Wilhelm von Hirsau, benannt nach der Stätte seines bedeutendsten Wirkens, dem Klosterort im Tal der Nagold (unweit des Schwarzwaldstädtchens Calw), nahm an den tiefgreifenden Wandlungen und Veränderungen des 11. Jahrhunderts nicht nur als stiller Beobachter teil, wie von einem Mönch eigentlich zu erwarten gewesen wäre; er war selbst eine der treibenden Kräfte innerhalb der damals ablaufenden geschichtlichen Prozesse, als die mittelalterliche Welt zu dem wurde, wie wir sie zumeist kennen und wie sie in ihren Grundstrukturen bis zum Ende des Mittelalters in der Zeit um 1500, ein halbes Jahrtausend also, bestehen blieb.

Kirchenpolitisch vertrat Wilhelm von Hirsau entschlossen die Sache des Papstes. Auf einen allgemeinen Nenner gebracht, bedeutete dies die Forderung nach einer möglichst ungehinderten Entfaltungsmöglichkeit kirchlichen Lebens. In ihren eigenen Belangen, vorweg in personellen Fragen (wer zum Priester geweiht, zum Abt, zum Bischof, zum Papst gewählt und ernannt wird) sollten kirchliche Einrichtungen unabhängig von äußerem nichtkirchlichem Druck ihre Entscheidungen fällen und wirken können.

Wilhelms Beitrag zur damaligen Erneuerung der Kirche - einer Erneuerung übrigens, die seinerzeit durchaus Momente der Neugestaltung trug - beschränkte sich nur scheinbar auf einen Teilbereich, nämlich das Klosterwesen. Tatsächlich betraf die Reform des Mönchtums einen Hauptnerv des kirchlichen und des öffentlichen gesellschaftlichen Lebens, der unmittelbar auf das Ganze ausstrahlte.

Wilhelm von Hirsau war Benediktinermönch, und er war es mit ganzem Herzen, mit dem vollen Einsatz seines Lebens bis in jede Faser seines Körpers hinein. Die uns erhaltene bildliche Darstellung versucht dies zu zeigen. Wilhelm stellte sich ganz bewußt in die Fußstapfen seines Ordensvaters, des heiligen Benedikt von Nursia (um 480-547). Dessen Regel wollte er wieder die gebührende Geltung verschaffen, wollte der in ihr vorgezeichneten Möglichkeit der Nachfolge Christi in dieser Welt das Terrain bereiten. Wilhelm wurde dadurch zu einer der großen Gestalten des mittelalterlichen Mönchtums, dessen Formung benediktinischer Lebensart die Klöster und die Kulturlandschaft vor allem der deutschsprachigen Gebiete nachhaltig geprägt hat.

Die Klöster gaben der Frömmigkeit ganzer Regionen ihre Ausrichtung; sie waren Zentren des Wissens und der Bildung. Aber nicht allein auf geistigem und geistlichem Felde formten sie ihr Umfeld. Vorbildlich dienten sie in der Landwirtschaft, in der Viehzucht, in Acker- und Weinbau. In die Fußstapfen älterer Reformbewegungen tretend, wie derjenigen, die vom burgundischen Cluny ausging, und jener des lothringischen Gorze, wird Wilhelm von Hirsau zum Vater einer Kloster- und Mönchsbewegung, deren Geist noch weit über seinen eigenen Tod hinaus Früchte zeitigte.

Vom Schwarzwaldkloster Hirsau gingen schon zu Lebzeiten Wilhelms zahlreiche Neugründungen von Klostergemeinschaften aus. Eine weit größere Zahl bereits bestehender Klöster schloß sich nach dessen Tod der Hirsauer Reform an oder wurde im Geist der von Wilhelm verfaßten Hirsauer Statuten gegründet. Im 12. Jahrhundert zählten rund 100 Klöster zum Hirsauer Verband. Der Hirsauer Einfluß erstreckte sich damit nicht nur auf den Schwarzwald, die Schwäbische Alb, den Bodenseeraum und das Oberrheingebiet, sondern bis nach Friaul, nach Kärnten und Böhmen, nach Mitteldeutschland, ja durch das Missionskloster Stolp bis in die Nähe der Ostsee.

So wurde die durch Wilhelm von Hirsau ins Leben gerufene Klosterreform und Mönchsbewegung im 11. und 12. Jahrhundert, bevor durch die Kette der Zisterzienserklöster zusätzliche Anstöße kamen, die bedeutsamste östlich des Rheins. Gleich den Knotenpunkten in den Maschen eines Netzes legten sich die Hirsau zugehörigen Mönchsgemeinschaften über das Land, jede von ihnen eine sichtbare Station jenes unabhängigen strengen Kirchenbegriffs, wie ihn Papst Gregor VII. im letzten Viertel des 11. Jahrhunderts seinem Gegenspieler, Kaiser Heinrich IV., abgetrotzt hatte. Jedes dieser Klöster war Ausdruck päpstlicher Machtposition und päpstlichen Einflusses gegen den weltlich-staatlichen Anspruch.

Mit der Reformationszeit im 16. Jahrhundert erloschen zahlreiche Klöster der Hirsauer Kongregation, vor allen anderen wurde 1535 Hirsau selbst durch den württembergischen Herzog Ulrich (1489-1550) aufgehoben. Andere von Hirsau gegründete Abteien überlebten in Deutschland noch bis zur Säkularisation, wie Zwiefalten, wo das klösterliche Leben 1802 durch staatlichen Eingriff beendet wurde, oder St. Peter im Schwarzwald, das 1806 das gleiche Schicksal ereilte.

Zum Umfeld der Hirsauer Reform - innerhalb ihrer jedoch eine eigene Gruppe bildend - zählen die österreichischen Benediktinerklöster Admont, Melk und St. Peter in Salzburg. Sie existieren bis zum heutigen Tag.

Das Bild eines Asketen

Wilhelm von Hirsau, so schildern ihn mittelalterliche Quellen, war äußerlich »von hohem Wuchs, der vordere Teil des Hauptes war kahl, den Hinterkopf bedeckte nur schütteres Haar, er hatte ein schmales Gesicht und blaue Augen, eine kraftvolle Stimme, Hände mit schlanken Fingern und einen ausgemergelten Körper«. Diese Beschreibung überliefert der »Codex Hirsaugiensis«, eine zwar erst zu Beginn des 16. Jahrhunderts entstandene Handschrift zur Geschichte des Schwarzwaldklosters, doch geht dessen Inhalt auf sehr viel ältere Zeugnisse aus dem 13. und 12. Jahrhundert zurück. Die Schilderung trifft auch in heutiger Sicht die Vorstellung von einem Asketen, von einem Menschen, der sein Leben in strenger Zucht verbringt, von einem, der sich schon um Mitternacht von seinem Lager erhebt, um zu beten, der in den frühesten Morgenstunden endgültig seinen Schlaf beendet, um dann - von nur wenigen Pausen unterbrochen - den ganzen Tag hindurch schier unermüdlich zu arbeiten. Jahrein, jahraus unterwirft er sich demselben Tagesrhythmus. Er fastet trotz harter Arbeit beinahe an der Hälfte aller Tage des Jahres, jeden Mittwoch und Freitag, in der Adventszeit vor Weihnachten und in den Wochen vor Ostern. Getreu der biblischen Weisung »wachet und betet« (Mt 26,41) opfert er häufig zusätzlich den nächtlichen Erholungsschlaf dem Gebetswachen. Das strenge, harte Leben gräbt sich ein in Gesicht und Gestalt des Mönchs; sie hinterlassen dort deutlich sichtbare Spuren.

Ein seltener, wenn nicht gar einmaliger Glücksfall beschert uns, wo man sonst ausschließlich auf schriftliche Zeugnisse angewiesen ist, das Bildnis eines solchen Asketen. Es ist das Bild Wilhelms von Hirsau. Die gleich auf dem ersten Blatt einer Pergamenthandschrift der Hirsauer Gründung Klosterreichenbach enthaltene Buchmalerei, die um 1150 geschaffen sein dürfte, zeigt uns einen schlanken, hochgewachsenen Mann (s. Titelbild). In der rechten Hand und in der linken Armbeuge hält er die Insignien seines Amtes und seiner Würde, den Abts- oder Bischofsstab als Hirte einer Gemeinde von Mönchen und das Buch als Zeichen seiner Lehrgewalt. Das Buch ist auch das Zeichen der Regel, unter der er selbst und seine Gemeinschaft angetreten sind und die zu befolgen sie sich befleißigen. Bekleidet ist Wilhelm mit leichten Leinenschuhen. Dabei handelt es sich um eine liturgische Fußbekleidung, die eigens zum Gottesdienst angelegt wird. Die Schuhe weisen einen ähnlich einfachen Schmuck auf wie die übrige Gewandung.

Wir sehen Abt Wilhelm in einer knöchellangen Albe, dem, wie der lateinische Name besagt, »weißen« liturgischen Untergewand. Darüber trägt er eine Art über die Knie reichenden Mantel, das sogenannte Pluviale, wiederum aus Leinen, das im 9. und 10. Jahrhundert als gottesdienstliches Festgewand in Gebrauch kam.

Beide Gewänder, Albe und Pluviale, ziert ein einfaches Streifenmuster, dasjenige des Untergewandes ist in bräunlichem Ton gehalten, das des Obergewandes in Karmesinrot.

Auch wenn die Kunstgeschichte - mit einigem Recht - dieser Illumination eine gewisse Provinzialität (»provinzieller Versuch«) bescheinigt, als einem Werk, fernab der großen künstlerischen Zentren entstanden und daher nicht auf deren Höhe, begegnet uns in dieser Miniatur doch eine hervorstechende, beunruhigende Besonderheit. Sie wird dadurch nachgerade zu einem fast einzigartigen Beispiel. Denn dieses Bildnis will ganz offenbar entgegen der zeitläufigen Tendenz nicht nur Bild sein, sondern Abbild. Sein Urheber, der als Schreiber und Maler in den Hirsauer Buchwerkstätten zu suchen ist - von dort gelangte der Codex dann ans Tochterkloster Reichenbach bei Freudenstadt - möchte augenscheinlich nicht nur in repräsentativer Form eine geschichtliche Gestalt zu Gesicht bringen.Dies geschah zu jener Zeit im allgemeinen allein dadurch, daß eine Person mit den sie auszeichnenden Symbolen, den Merkmalen ihres Amtes und ihres Standes (wie priesterliches Gewand, Buch, Stab, Krone oder Mitra) dargestellt wurde. Der Maler aus der Hirsauer Buchwerkstatt trachtet unübersehbar danach, individuelle Züge herauszuarbeiten. Dies erstaunt umso mehr, als die Entdeckung der Individualität kunstgeschichtlich in eine viel spätere Zeit, nämlich ins 15. Jahrhundert, fällt.

Der Grund, weshalb der Künstler der allgemeinen kunstgeschichtlichen Entwicklung vorausgreifend in dem Klosterreichenbacher Codex Details in Statur und Physiognomie bietet, liegt wohl darin, daß hier die Gestalt und das Aussehen eines Asketen, eines heiligmäßig lebenden Menschen, eines als heilig verehrten Abtes sichtbar gemacht werden soll. Darum war er bestrebt, Eigenarten wie die durch das strenge asketische Leben eingefallenen Wangen und die dadurch kräftig hervortretenden Backenknochen zu zeichnen. Daher vertiefte er sich in die Halspartie mit ihrer in Längsfalten lose hängenden Haut. Die Augen blicken klar, bestimmt und zielgerichtet. Sie erscheinen besonders groß, da der Maler in naturalistischer Beschreibung die unteren Lider schlaff herunterhängen läßt. Außerdem deutet er die Stirnglatze Wilhelms an, von der wir schon in den literarischen Zeugnissen gehört haben. Es fällt überhaupt auf, daß Abbild und schriftlicher Bericht unabweisbare Übereinstimmungen zeigen, als ob die Verfasser der Quellen des eben erwähnten Codex Hirsaugiensis das Bild der Klosterreichenbacher Handschrift vor Augen gehabt hätten.

Beide, Maler und Autor, die ohnehin - wenn nicht miteinander, so doch zeitlich nacheinander - in derselben Schreibstube tätig waren, besaßen gleiche oder ähnliche Vorlagen und Entwürfe. Wenn diese in die Einzelheiten gehen, so lag die offenkundige Absicht darin, im Bild Wilhelms den monastischen Asketen schlechthin wiederzugeben, die Heiligkeit der Person auf die Heiligkeit seiner Lebensführung optisch zurückzuführen, auf eine Lebensform, die sich im Gottesdienst und im Kloster im Dienst an den Mitbrüdern verzehrt hatte.

Kindheit im Kloster

Von früher Kindheit an war das Kloster Wilhelms Welt. Er wurde gewissermaßen »hineingeboren« in diese eigene Welt mit ihren besonderen Gesetzen und Regeln, mit ihrer in sich geschlossenen Ordnung, wie das deutsche Lehnwort »Kloster« in seiner Grundbedeutung schon besagt. Es leitet sich ab vom lateinischen »claustrum«, was soviel heißt wie der abgeschlossene, der gegen andere Räume und Bereiche abgegrenzte, ausgegrenzte Bezirk.

Über Wilhelms Eltern und damit seine Herkunft sowie über seine Kindheit erhalten wir nur spärliche, eher nichtssagende Auskünfte. Die Lebensbeschreibung des Hirsauer Priors Haimo, erst gegen Ende des 12. Jahrhunderts entstanden, weiß von seiner bayerischen Abstammung. Diese Herkunft ließ sich ohnehin vermuten, da Wilhelm aus dem Regensburger Kloster St. Emmeram in den Schwarzwald gerufen worden war. Die »frommen« und »ehrenwerten Eltern« berichtet Haimo weiter, hatten Wilhelm schon als kleinen Knaben in die seit dem frühen 8. Jahrhundert bestehende Benediktinerabtei St. Emmeram gebracht. Das Kind wird als »puer oblatus«, als dem Kloster dargebrachter, als Gott geweihter Junge bezeichnet. Vor diesem Hintergrund verschwimmen die Eigenschaftswörter »fromm« und »ehrenhaft« zur Charakterisierung der Eltern zu allgemeinen Formeln und Floskeln, die zwangsläufig gebraucht werden, wenn eine Familie eines ihrer Kinder einem Kloster übergibt. Doch mag man aus dem Adjektiv »ehrenhaft« immerhin noch soviel heraushören, daß Wilhelms Eltern dem gehobenen Bürgertum oder dem niederen Adel angehörten. Wenigstens mußten sie einigermaßen begütert sein, denn ohne Mitgift konnten sie den kleinen Zögling nicht an der Klosterpforte abgeben.

Wilhelm von Hirsau wurde nach allgemeiner Auffassung um das Jahr 1030 geboren. Dies ergibt sich aus seinem Todesjahr 1091. Damals dürfte er zwischen 60 und 65 Jahre alt gewesen sein. Nach Bernolds Aussage hat er sich in einem »guten Greisenalter« befunden, als er starb. Er hatte ein volles, erfülltes Leben hinter sich. Die letzten 22 Jahre leitete er das Kloster Hirsau. Kalkuliert man eine rund zwanzigjährige Ausbildungs- und Studienzeit ein und eine etwa gleich lange Tätigkeit in Wissenschaft und Lehre, dann kommen zurückrechnend 1026 bis 1031 als mögliche Geburtsjahre in Frage.

Wenn wir heute hören, daß Wilhelm wohl schon im zarten Alter von etwa vier bis sieben Jahren, wie bei den »pueri oblati« damals üblich, in die dauernde strenge Obhut eines Klosters geschickt wurde, wenn wir außerdem wissen, daß die Entscheidung der Eltern über den künftigen Lebensweg ihres Sprößlings Endgültigkeitscharakter besaß, dann erschrecken wir, ob der in unseren Augen scheinbaren Lieblosigkeit, der Härte des Loses schon in Kinderjahren und des unabwendbaren Schicksals.

Wie letztgültig üblicherweise der Entschluß der Eltern war, belegt eine Übergabeformel des 9. Jahrhunderts, in der die Eltern vor Zeugen bekennen: »Er (der Sohn) darf also von diesem Tage ab (dem der Übergabe) seinen Nacken nicht mehr dem Joche der Regel entziehen, er erkenne vielmehr, daß er treu die Vorschriften dieser Regel beachte ... Und damit diese Übergabe unerschütterlich bleibe, verspreche ich unter einem Eide vor Gott und seinen Engeln, daß ich ihm niemals, weder selbst noch durch eine Mittelsperson, noch auf irgendeine Weise durch mein Vermögen irgendeine Gelegenheit zum Austritte geben werde.«

Die Regel des heiligen Benedikt hält den Vorgang der Oblation, der Kindesübergabe, im 59. Kapitel fest: »Wenn ein Vornehmer«, so wird ausgeführt, »seinen Sohn Gott im Kloster darbringt, und der Knabe ist noch minderjährig, dann stellen seine Eltern eine Urkunde aus ... Sie wickeln diese Urkunde und die Hand des Knaben mitsamt der Opfergabe in das Altartuch ein und bringen ihn so dar.« Als Opfergabe wurde das gesamte dem Knaben zustehende Vermögen dem Kloster vermacht und ihm so die Existenzgrundlage außerhalb des Klosters entzogen. »Auf diese Weise«, fährt die Benediktregel fort, »werden Tür und Tor versperrt, so daß dem Knaben keine Aussicht bleibt, die ihn, wie wir aus Erfahrung wissen, betören und - was Gott verhüte - ins Verderben stürzen könnte.« Allerdings wurde dem Knaben, sobald er urteilsfähig war, dennoch eine eigene Entscheidung zugestanden.

Bemerkenswert ist, daß Wilhelm von Hirsau in seinen eigenen Bestimmungen die frühe Übergabe von Kindern an ein Kloster abschaffte. Dies geschah sicherlich nicht, weil er aus möglichen eigenen schlechten Kindheitserfahrungen Lehren zog, vielmehr wollte er betonen, daß der Entschluß, sich einer Klostergemeinschaft anzuschließen, die Entscheidung zum Mönchsleben also, ganz bewußt und ganz persönlich zu treffen sei.

Zum besseren Verständnis für den Vorgang der Oblation, der Kindesübergabe, sei auf die völlig andere Einstellung des Mittelalters zur Kindheit hingewiesen. Die Kindheit als eine besondere Phase in der Entwicklung, diese Vorstellung war in der Vergangenheit lange Zeit fremd. Aus jüngeren kulturgeschichtlichen Untersuchungen wissen wir, daß das Kind der Gesellschaft der Erwachsenen angehörte, »sobald es ohne die ständige Fürsorge seiner Mutter, seiner Amme oder seiner Kinderfrau leben konnte« (Philippe Ariès). Dies war damals wie heute in dem Alter der Fall, in dem die Kleinen die Vorschule oder Schule besuchen können. Mit diesem Alter auch kam Wilhelm von Hirsau in den Konvent St. Emmeram.

Mit dem Eintritt ins Kloster wurde ihm gleichzeitig eine große Chance eröffnet, die sich damals nur wenigen bot, die Chance auf Bildung und Wissen. Insofern ist auch das Handeln von Wilhelms Eltern von großer Fürsorge und materieller Opferbereitschaft für die Zukunft des Jungen getragen. Ein Werdegang tut sich ihm auf. Die draußen, außerhalb des Klosters ihr Dasein fristen, werden zwar älter, aber sie bleiben im Grunde, was sie sind. »Klosterschüler« dürfen, »sollen wachsen« (Arno Borst). Gleich Jesus, dessen Nachfolge das wesentliche Ziel ihres Lebens überhaupt ist, sollen sie heranwachsen und zunehmen an Weisheit, wie es von ihm beim Evangelisten Lukas (2,52) heißt.

Der Unterricht der Klosterzöglinge erstreckte sich nicht in erster Linie auf die elementaren Techniken. Die Kinder konnten oft wohl schon Lesen und Schreiben, wenn sie mit sechs Jahren in die Klostergemeinschaft aufgenommen wurden. In jüdischen Schulen beispielsweise lernte man mit vier lesen und schreiben. Im Vordergrund standen vielmehr lateinische Grammatik, das Kennenlernen der liturgischen lateinischen Texte, das Auswendiglernen der lateinischen Psalmen. Gelernt wurde, da Schulbücher so gut wie unbekannt oder selten waren, durch unermüdliches Vorsagen der Lehrer und durch lautes Wiederholen der Klasse oder Schülergruppe. Eine Koranschule, in der der Lehrer den Text vorgibt, welchen die Kinder laut gemeinsam nachsprechen, übermittelt uns ein anschauliches Beispiel für die mittelalterliche Schulatmosphäre.

Einen herausragenden Stellenwert hatten die 150 Psalmen. Das Psalterium, wie dieses Buch des Alten Testaments genannt wurde, war von Anfang an das Grund- und Hauptgebetbuch der Kirche. Innerhalb der von Weltgeistlichen und Mönchen gehaltenen täglichen regelmäßigen Gebetsfolgen bildeten sie den wichtigsten Bestandteil. Wöchentlich einmal, jährlich 52 mal wurde das gesamte Psalmbuch durchlaufen.

Die Schüler lernten und kannten dabei Texte, die sie inhaltlich nicht verstanden. Vieles wurde zuerst ins Gedächtnis eingeprägt, bevor man es begriff. Lernen vollzog sich im Wiedererinnern, im ständigen Vertiefen eines bereits angeeigneten Stoffes. Für Klosterschüler wie Wilhelm gehörte zum selbstverständlichen Unterrichtsstoff das Auswendiglernen der Regel des heiligen Benedikt. Die Kinder mußten sie beherrschen, enthielt sie doch die Richtlinien, was zu tun und zu lassen sei. Verstöße wurden empfindsam geahndet. »Ich bin ein Junge, der unter der Rute lebt«, so kennzeichnet ein englischer Klosterschüler um 990 seine Situation. Aber auch den älteren Mitbrüdern drohte bei Regelverstößen die Züchtigung. Wer von den jungen Klosterinsassen sich nicht rechtzeitig zum nächtlichen Gebet, der Nokturn, erhob, wurde mit der Rute geweckt. Ununterbrochen standen die Schüler unter Aufsicht. Der Lehrer schlief bei ihnen im Schlafsaal. Dort brannte stets ein kleines Licht. Mußte einer von ihnen aufstehen, wurde er mit der Laterne begleitet.

Der Tagesablauf und damit die Grundanforderung unterschied sich bei den Klosterbrüdern im Kindesalter nicht von jenem der Erwachsenen. Wie diese nahmen sie an allen Gebetszeiten und Gottesdiensten teil. Nur bei den Mahlzeiten wurden Zugeständnisse gemacht. Den Heranwachsenden wurde im allgemeinen zur Kräftigung und zur Förderung ihrer körperlichen Entwicklung habhaftere Speise, vor allem Fleisch, aufgetischt. Außerdem wurden Fisch, Eier, Käse, Butter, Kohl, Hülsenfrüchte, je nach Jahreszeit Obst und natürlich Brot gereicht. Die Kinder tranken Wasser oder Bier. Bei letzterem handelte es sich gewöhnlich wohl um leicht gebrautes. Wein erhielten nur die Älteren. Er war den »Greisen und Weisen«, die damit umzugehen verstanden, vorbehalten.

Beten und Lernen, leichte körperliche Arbeiten und handwerkliche Verrichtungen und wiederum Beten - zwischen diesen Polen verlief das anfängliche Klosterleben des kleinen Wilhelm in Regensburg St. Emmeram. Von Beginn an war das Leben eingebettet in den immer wiederkehrenden Rhythmus der Feste und Feiertage des liturgischen Kalenders, war es geregelt von dem strengen, Tag und Nacht umfassenden Stundenplan, der in allen Klöstern mehr oder weniger der gleiche war und den er seit seinem Klostereintritt im Kindesalter bis zu seinem Tode sorgfältig beobachtete.

Lehrer und Freunde

Die Möglichkeiten der Ausbildung und des Studiums, das wissenschaftliche Niveau im Kloster St. Emmeram von Regensburg waren in Wilhelms Jugendjahren, in der Zeit zwischen 1040 und 1050, international gesehen, auf einem hohen Stand und besaßen einen ausgezeichneten Ruf. Was Forschung und Wissenschaftsbetrieb anbelangte, zählte St. Emmeram damals - im Inselkloster Reichenau lehrte zur gleichen Zeit Hermann der Lahme (1013-1054) - sicherlich zu den führenden Abteien. Seinen Ruhm verdankte das niederbayerische Kloster nicht zuletzt dem Konventualen Otloh von St. Emmeram (1010-1070). Dieser trat, nachdem er zuvor Weltgeistlicher im Sprengel Freising gewesen war und sich ebenso weitgefächert wie gründlich mit den weltlichen Wissenschaften auseinandergesetzt hatte, 1032 ein, just in der zeitlichen Nähe zu Wilhelms Aufnahme. Er wurde dort Lehrer, später Dekan, machte Reisen nach Fulda und nach Montecassino in Italien, der 529 gegründeten Ur-Abtei des Ordens. Der Gang nach Montecassino hat im nachhinein geradezu Symbolwert. Wer reformieren will, geht zu den Anfängen zurück, sucht den Ursprungsort.

Streitigkeiten mit dem Regensburger Bischof und innerhalb des Konventes vertreiben Otloh für einige Jahre von 1062 bis 1066 nach Fulda. Er kehrte also rechtzeitig vor der Abreise Wilhelms nach Hirsau im Jahre 1069 ins gemeinsame Heimatkloster zurück, um seinen früheren Zögling beraten zu können. Seit den ersten Tagen, die Wilhelm im Mönchskonvent weilte, ist Otloh wohl sein Lehrmeister gewesen.

Otloh war ein hervorragender Kenner von Astronomie und Musik, war daneben ein exzellenter Theologe, Historiker und Dichter. Das innige Verhältnis, das zwischen ihm und Wilhelm von

Hirsau bestand, drückte letzterer dadurch aus, daß er seine beiden wissenschaftlichen Hauptwerke, die Musiktheorie und die Astronomie, in Dialogform, als Gespräch zwischen ihm und seinem ehemaligen Dozenten Otloh angelegt hat. In den Handschriften sind die beiden Partner meist durch die Buchstaben »0« und »W« abgekürzt. Doch die Wiener Handschrift des »Dialogus de musica«, die später auch der Abt von St. Blasien Martin Gerbert (1720-1793) benutzt hatte, enthält in den Eröffnungspassagen die Namen ausgeschrieben. »Othlochus« und »Willehelmus« ist zu lesen.

In der Geistesgeschichte des Mittelalters nimmt Otloh eine Schlüsselstellung ein. Bei ihm erleben wir eine beinahe schroffe Abkehr von einer sich allenthalben ausbreitenden Wissenschaftsgläubigkeit und Vernunftvergötterung. Er selbst - das muß bei seinen Reaktionen immer in Rechnung gezogen werden - hatte sich innerhalb der einzelnen wissenschaftlichen Disziplinen als fähiger Kopf erwiesen.

Die Kenntnis der Heiligen Schrift, des Wortes Gottes, steht bei ihm höher als das Vertrauen in die menschliche Vernunft. Auf diese Weise spielt er die Dialektik (wie die Logik, die Kunst des richtigen Denkens und Argumentierens, im Mittelalter hieß) gegen das Wissen aus, das aus der göttlichen Offenbarung gewonnen wird. Als wirklich wissenskundige Männer will er »eher diejenigen, die sich in der Heiligen Schrift, als die, welche sich in der Dialektik unterrichtet zeigen, anerkennen«, erklärt er wortwörtlich in einer seiner Hauptschriften dem »Dialogus de tribus quaestionibus« (Dialog zu drei Grundfragen).

Otloh verurteilt die weltlichen Wissenschaften zwar nicht in Bausch und Bogen, schätzt sie aber weitgehend als überflüssig ein; für Mönche hält er die Beschäftigung mit ihnen sogar für unerlaubt. Je mehr einer sich den weltlichen Wissenschaften öffne, desto unwürdiger mache er sich für die göttlichen Geheimnisse. Das Ergründenwollen, das Hinterfragen, das Nachbohren, das kritische Denken, alle diese Haltungen, die in den Wissenschaften geübt werden, tasten die göttlichen Geheimnisse in ihrem letzten Grund an und zerstören sie geradezu als das, was sie eigentlich sind, nämlich als Geheimnisse, die nicht bewiesen, sondern geglaubt werden wollen. Die dem Mysterium gemäße Haltung, die letztlich auch Gott in seiner unergründlichen Größe und Weisheit sein läßt, ist nicht die Neugier und das Forschen, sondern der Glaube. Darum verwirft Otloh die Lektüre der heidnischen Philosophen wie Platon oder Aristoteles und empfiehlt die Lektüre der Heiligen und deren Lebenserfahrung in ihren gesammelten Aussprüchen und Werken als das einem Mönch Zuträgliche und Nützliche.

Wer Otlohs Standpunkt voll erfassen will, muß sich vergegenwärtigen, daß dieser Mönch selbst die strenge Schule des Zweifels absolviert hat. Er zweifelte, wie er in seinem Buch »Über seine Versuchungen und Schriften« (Liber de tentationibus suis et scriptis) sagt, an allem: an der Wahrheit der Heiligen Schrift, am Wesen Gottes, seiner Allmacht, seiner Existenz, an einer vernünftigen Leitung der Welt.

Diese Schrift Otlohs, in der er die Not seiner Skepsis, seines Hin- und Hergerissenseins, seines Pessimismus ausbreitet, ist eines der ersten autobiographischen Werke des Mittelalters. Der Text ist in sich ein bewegendes und erschütterndes Dokument, für die jedem wachen Verstand vertraute Situation der von bohrenden Fragen begleiteten Suche nach Sinn und Halt. In der Ordnung des Mönchlebens, in dessen freier Hingabe an das Geheimnis, erblickt Otloh die einzigartige Chance des Menschen angesichts des Dunkels der Welt und der Erkenntnis. Die Wissenschaft, so lautet seine Einsicht knapp zusammengefaßt, erzeugt letztlich nur eine negative Wirkung, wirft Probleme über Probleme auf, läßt den Menschen in der Schwebe, allein die Befolgung der Lehren des Evangeliums bringt dem Menschen die echte, die wahrhafte Entscheidung, ermöglicht die Umkehr.

Gleich einem Grundakkord durchzieht daher der Begriff »conversio« Bekehrung, Umkehr, Abkehr von der Welt, Hinwendung zu Gott (und was er noch alles bedeuten mag) die Schriften Otlohs. Umkehr, Bekehrung begegnet uns auch als Kernwort in den Evangelien. Im Mönchtum sieht er diese Umkehr in radikaler Weise geleistet. Otloh zählt dabei nicht zu denen, die wie Wilhelm von Hirsau schon als kleine Kinder ins Kloster gesteckt wurden, sondern er gehört zu jenen, die im reifen, entscheidungsfähigen Alter selbst den Entschluß gefaßt haben. In Otlohs Gedankenwelt können wir deshalb nicht nur den allgemeinen Hintergrund für Wilhelms spätere Auffassung vom grundsätzlichen Wert und der grundsätzlichen Bedeutung der Möglichkeit des Mönchtums für den Menschen entdecken, wir finden hier bereits schon als Keim angelegt, weshalb der Konversion, der bewußten Entscheidung für das Kloster, und nicht mehr der Oblation, der Übergabe im kindlichen Alter, der Vorzug gegeben und weshalb ihr in der Hirsauer Perspektive des Klosterwesens eine so entscheidende Rolle zukommt.

Für Wilhelms Weg war noch eine weitere Begegnung in St. Emmeram besonders wichtig, die mit dem etwa gleichaltrigen Ordensbruder Ulrich von Zell (um 1029-1093). In ihm fand er nicht nur einen Altersgenossen, sondern auch einen Gleichgesinnten. Ulrich entstammte - wie wohl auch Wilhelm - einem Regensburger Patriziergeschlecht, und zeigte - wiederum gleich Wilhelm - starke Neigungen für die Naturwissenschaften. Nach der Ausbildung in St. Emmeram durchlief er eine geistliche Karriere, avancierte zum Archidiakon und Dompropst von Freising. Ergriffen jedoch von der kirchlichen Reformbewegung unternahm er eine Pilgerfahrt nach Jerusalem - hier bei Ulrich also ebenfalls das Motiv des Zurückgehens auf den Ursprung. Nach dem vergeblichen Bemühen, in Regensburg ein eigenes Kloster zu gründen, trat Ulrich schließlich 1061 in Cluny ein. Seit dem 10. Jahrhundert war das burgundische Kloster der Dreh- und Angelpunkt der monastischen Reform. Cluny lieferte auch für Wilhelm von Hirsau das Vorbild und den Anknüpfungspunkt. Ulrich von Zell, der Jugendfreund, hat hier wohl persönlich die ersten Brücken geschlagen.

»Moderner Orpheus und Pythagoras« -
das Universalgenie

»Er war ein äußerst scharfsinniger Philosoph und in der wissenschaftlichen Auseinandersetzung so gründlich, daß er beinahe von keinem widerlegt werden konnte. Auf dem Gebiet der Musik glänzte er durch eine seltene Gelehrsamkeit, insbesondere dadurch, daß er zum Lobe der Heiligen mehrere Gesänge mit lieblicher Melodie komponiert hat. Weiter ist er in den Fächern Mathematik und Astronomie, in der Arithmetik (Wissenschaft von den Zahlen) und der Rechenkunst so bewandert gewesen, daß, da er ohnehin auf allen Feldern der Gelehrteste gewesen ist, sich der Eindruck aufdrängt, er habe sich in diesen Wissenschaften in beispielhafter Weise erfolgreich hervorgetan.« Mit diesen Worten beurteilt, nein, feiert der Benediktinerabt Johannes Trithemius (1462-1516) seinen Ordensbruder Wilhelm aus dem 11. Jahrhundert. Und an anderer Stelle, in seinem »Verzeichnis der Schriftsteller der Kirche« (Catalogus scriptorum ecclesiasticorum) fügt er über Wilhelm von Hirsau hinzu, daß er »in der Theologie außerordentliche Kenntnisse« besessen und »in den weltlichen Wissenschaften zu seiner Zeit niemandem im deutschen Sprachraum unterlegen« gewesen sei.

Was der Nachgeborene an Wilhelm von Hirsau rühmte, das pries bereits der Zeitgenosse. Bernold von Konstanz (um 1054-ll00) schreibt, Wilhelm von Hirsau habe »viele Probleme bezüglich der Berechnung der Kalenderjahre mit trefflichen Überlegungen gelöst«. Die Erstellung des Kalenders auf der Basis astronomischer Beobachtungen und Kalkulationen - besonders wichtig im kirchlichen Leben wegen der Feststellung des alljährlich sich ändernden Ostertermins - zählte zu den schwierigsten Aufgaben. »Dieser«, fährt Bernold über Wilhelm von Hirsau fort, »ist in der Musik sehr bewandert gewesen und hat viele Feinheiten dieser Kunst, die den früheren Gelehrten unbekannt geblieben, ans Licht gebracht.«

Kein Zweifel: Wilhelm von Hirsau würde heute als Universalgenie bezeichnet werden. Dies umso mehr, als sein theoretisches Wissen mit praktischen Fähigkeiten, mit Erfindergeist gepaart auftrat. Seine Gelehrsamkeit in der Astronomie hat er daher nicht nur in einer eigenen Abhandlung unter Beweis gestellt, er hat sie auch umgesetzt in die Konstruktion, den Bau eines Astrolabiums. Dieses ist ein schon von Hipparch von Nicäa (+ 125 v. Chr.) entwickeltes, sehr vielseitig anwendbares astronomisches Instrument, bei dem auf einer Scheibe die wichtigsten Bahnen des Himmelsglobus aufgezeichnet sind. Mit seiner Hilfe kann beispielsweise die jeweilige Nachtzeit anhand des Auf- und Untergangs der Fixsterne bestimmt werden. Die exakte Übertragung der räumlichen Himmelskreise auf eine Scheibe, wie sie das Astrolabium erforderte, stellt dabei hohe mathematische Ansprüche. Bis zur Erfindung des Fernrohrs und noch lange danach gehörte das Astrolabium zu den wichtigsten naturwissenschaftlichen Geräten. Schon die Griechen hinterließen dafür Bauanleitungen. Das Mittelalter orientierte sich aber an einer von den Arabern hinterlassenen »verfeinerten« und verbesserten Version.

Außer einem Astrolabium, das noch samt zugehöriger Zeichnungen erhalten ist, erfand Wilhelm von Hirsau offenbar eine astronomische Uhr. »Dieser«, so wiederum Bernold von Konstanz über Wilhelm, »hat uns viele Denkmale seiner natürlichen Geisteskraft hinterlassen. Denn er hat eine Uhr (naturale horologium) als Modell für die Bewegung der himmlischen Hemisphären (Halbkugeln) erdacht. Sie zeigte mit sicheren Beweismitteln die Tagundnachtgleichen, die Sonnwenden und den augenblicklichen Zustand der Welt im Himmelslauf an.«

Gleiches gilt für Wilhelms Tätigkeit auf dem Gebiet der Musik. Seine theoretischen Auseinandersetzungen, seine Diskussionen mit den Autoritäten der neuesten musikwissenschaftlichen Literatur, wie Guido von Arezzo oder Berno von Reichenau, begleiten praktische Erfindungen. Wilhelms Freund und Fachkollege Aribo Scholasticus, der in Freising wirkte, überliefert, daß der St. Emmeramer Mönch, wie er ihm mitgeteilt habe, eine Flöte mit einer neuen Messung der Abstände der Luftlöcher entwickelt hätte. Aribo sieht in Wilhelm »den ersten auf dem Gebiet der Musik in seiner Zeit« (primus musicus) und betrachtet ihn auf dessen gleichermaßen hochstehende musikalisch-mathematischen Leistungen anspielend als einen »modernen Orpheus und Pythagoras«.

Nach heutigem Verständnis handelt es sich bei Astronomie und Musik um weit auseinanderliegende Disziplinen. Nach antiker und mittelalterlicher, ja, wenn wir an Johannes Kepler (1571-1630) denken, bis tief in die Neuzeit hineinreichender Auffassung jedoch fußen beide Wissenschaften in einer tiefen Gemeinsamkeit: in der Harmonie und ihren Gesetzen. Was die eine als Harmonie der Töne und Klänge betrachtet, beobachtet die andere in der Harmonie des Kosmos und seinen durch hohe Regelmäßigkeiten ausgezeichneten Bewegungen.

Astronomie und Musik zählten überdies zu jenen Fächern, welche die meisten Vorkenntnisse in den anderen Wissenschaften voraussetzten. Ohne Mathematik, ohne das Zahlenrechnen (Arithmetik) und ohne Geometrie kann keine Sternenkunde betrieben werden. Ebenso verlangt die Musik mit ihren bereits von Pythagoras (+ 497/496 v. Chr.) erforschten Gesetzen der harmonischen Teilung mathematisches Wissen. Wenn sich also Wilhelm von Hirsau gerade auf diesen Gebieten hervortat, wie die überlieferten Schriften aus seiner Feder belegen, so beweist er seine enorme wissenschaftliche Befähigung auf der Ebene der höchsten weltlichen Wissenszweige.

In der Pyramide, in der Rangfolge der weltlichen Wissenschaften, nahmen Musik und Astronomie die obersten Positionen ein. Die weltlichen Wissenschaften waren seit der Spätantike in Gruppen eingeteilt, eine Dreiergruppe der sprachorientierten »freien Künste« (artes liberales), wie die Wissenschaften auch genannt wurden, oder in den sogenannten Dreierweg, lateinisch das Trivium, bestehend aus Grammatik, Logik und Rhetorik, und in die Viereгgruppe oder den Viererweg, lateinisch das Quadruvium oder Quadrivium, das Geometrie, Physik, Musik und Astronomie umfaßte. Jeder höher Gebildete des Mittelalters hat alle diese Fächer durchlaufen und

28

gründlich studiert. Er lernte im Trivium in der Grammatik, sich sprachlich korrekt auszudrücken, in der Logik, richtig zu denken und zu argumentieren, und in der Rhetorik, der Redekunst, die Gedanken wirkungsvoll zu vermitteln. Erst nach diesem Grundstudium folgte die Hinführung in den Fächerkanon des Quadriviums. Unter der Anleitung Otlohs von St. Emmeram hat auch Wilhelm von Hirsau diese Schule im Kloster durchlaufen und ist in ihnen Meister und Lehrer geworden. Wir dürfen davon ausgehen, daß Wilhelm von Hirsau den gesamten Wissensstoff seiner Zeit beherrschte. Wie aber läßt sich die harsche Wissenschaftskritik und Wissenschaftsfeindlichkeit verstehen, die Wilhelms geistiger Leiter Otloh formulierte, wie verträgt sich die Ablehnung aller forschenden Neugier mit der doch unübersehbaren Fülle wissenschaftlichen Schaffens und Erfindens, wie sie uns in den Werken Wilhelms entgegentritt? Die Lösung des scheinbaren Widerspruchs liegt darin, daß Otloh, der ja immerhin der Wegbereiter von Wilhelms wissenschaftlichem Werdegang in Regensburg gewesen ist, nur grundsätzliche Bedenken und Gefahren in einer Überbewertung und kritiklosen Hochschätzung des weltlichen Wissensangebots ausdrücken wollte, das eine Gefährdung für den Menschen berge. In diesem Sinne äußert sich denn auch Wilhelm von Hirsau in der Vorrede zu seiner Schrift über die Astronomie.

»Scheint es nicht«, grübelt Wilhelm von Hirsau einleitend, »daß ich, wenn ich all den einzelnen Antrieben, die mich zur Wissenschaft hinführen, eifrig nachgebe, von der Erhabenheit höherer Betrachtung, aber auch von dem gebotenen täglichen Gottesdienst abgelenkt werde?« Wilhelm weiß, daß das intensive Hineinknien in wissenschaftliche Probleme auf Kosten des religiösen Lebens gehen kann. Die Gefahr jedoch erkannt, heißt für ihn, sie wenigstens teilweise auch gebannt zu haben. Sein eigenes Genie drängte ihn in die unterschiedlichsten Forschungsbereiche. Wissenschaft jedoch, daran hegte er keinen Zweifel, bildet nicht die Grundlage des Mönchtums; schon darum nicht, weil sie nicht jedermanns Sache sein kann. Auf der anderen Seite vermag die wissenschaftliche Einsicht zur vollen Fülle der Weisheit zu leiten, wenn sie die Spuren des Schöpfers in der Natur entdeckt und wahrnimmt. Hier bricht sich bei aller grundsätzlichen Skepsis eine Sicht die Bahn, wie sie später vor allem auf dem Höhepunkt der Wissenschaft im Mittelalter, in der Scholastik von Denkern wie Thomas von Aquin (+ 1274) oder Bonaventura (+ 1274) vertreten wurde.

Benediktinisches Mönchtum

Als Wilhelm von Hirsau daranging, neue Klöster im Geist des heiligen Benedikt zu errichten und bestehende in diesem Geist zu reformieren, das heißt, sie wieder auf ihren Ursprung und die von dort gegebene Orientierung zu verpflichten, war das benediktinische Mönchtum bereits über ein halbes Jahrtausend alt. Benedikt von Nursia wurde durch sein Regelbuch, in das ältere Mönchsregeln, wie die sogenannte "Regula Magistri" (Regel des Lehrmeisters), aufgenommen und eingearbeitet worden sind, zu einem der großen, herausragenden Wegbereiter und Baumeister der nachantiken abendländischen Kultur. Bis zum heutigen Tag ist die um 530 entstandene Benediktregel ein Haupt- und Grundtext der christlichen Spiritualität. Als Leitfaden, als Gesetzeswerk, entwirft sie den Rahmen, innerhalb dessen eine Gemeinschaft Gleichgesinnter ihr Ziel verwirklichen kann, ein Leben des Geistes und aus dem Geiste zu führen. Das nämlich bedeutet »Spiritualität«, ein Wort, das auf das lateinische »spiritus«, »Geist«, zurückgeht. Doch ist diese Geistigkeit des Lebens, die erstrebt wird, keine beliebige. Sie besitzt ihr konkretes Vorbild, ihre Wirklichkeit, in der Person von Jesus Christus und seinem irdischen Leben. Das ganze Leben soll daher in der Nachfolge Christi stehen und aus dieser Nachfolge heraus zum Gottesdienst werden, soll als Gottesdienst seine Erfüllung und Sinngestalt gewinnen. Die Annahme der drei Ratschläge des Evangeliums, die sogenannten »evangelischen Räte« - Gehorsam gegen Gottes Gebote, Keuschheit und Ehelosigkeit und Besitzlosigkeit, die Armut - bildet dabei die Grundhaltung, mit deren Hilfe der Weg, den Christus vorgezeichnet hat und der er selbst ist, beschritten werden kann.

Die Regel Benedikts liefert den Leitfaden einer straffen Klosterorganisation, die es dem einzelnen ermöglichen soll, das Ziel des Heils zu erlangen. Das Kloster Benedikts gipfelt im Abt. Er ist der Stellvertreter Christi im Konvent. In liebender Strenge und Fürsorge leitet der seine Mönchsgemeinschaft. Aus der Verpflichtung aller Mönche zur täglichen Handarbeit entstand die Kurzformel für das benediktinische Gedankengut, in der die Lebensweise der Mönche zusammengefaßt wird, das »ora et labora«, das »bete und arbeite«.

Die Ansprüche der Benediktregel sind hochgesteckt. Kaum verwunderlich daher, daß es immer wieder einen Abfall von den strengen Vorschriften zu beobachten gab. Das Privateigentum beispielsweise war von der Regel ausgeschlossen. Viele Mönche aber, vor allem unter den adligen, erhielten von ihren Familien zusätzliche Zuwendungen an Speisen und sonstigen Mitteln, wodurch das Gebot der Besitzlosigkeit und des gemeinsamen Teilens unterlaufen wurde. Ein weiterer Mißstand lag vor allem in den nur nachlässig oder nicht vollständig eingehaltenen Gebetszeiten. Das gottesdienstliche Leben wurde mehr und mehr ausgehöhlt und der Oberflächlichkeit preisgegeben. Die abendländische Klostergeschichte kennt daher mehrere Phasen der Reformbewegung innerhalb des Mönchtums selbst. Für die Zeit Wilhelms von Hirsau gewannen die Reformen von Cluny und Gorze höchstes Gewicht. Bereits Anfang des 10. Jahrhunderts unter den Äbten Odo (927-942) und Majolus (943-994) setzte sich im burgundischen Cluny eine strenge und zugleich reine Auffassung des Mönchtums durch. Weitere energische Reformäbte Odilo (994-1049) und Hugo (l049-1109) schlossen sich an. Cluny wurde schließlich zur Richtschnur für Wilhelms eigene Hirsauer Klosterverfassung.

Die andere Erneuerungsbewegung verbreitete sich vom lothringischen Kloster Gorze aus. Dort bemühten sich die Äbte Ainold (+ 967) und Johannes I. (+ 974) erfolgreich um Reform. Gleich Cluny war Gorze eine beträchtliche Ausstrahlung gegönnt. Wilhelms Heimatkloster St. Emmeram fühlte sich der Gorzer Bewegung eng verbunden. So wuchs Wilhelm von Hirsau bereits in seinen Jugendjahren in die Atmosphäre und den Geist der Wiederbelebung hinein.

Eine Zeit des Umbruchs - das 11. Jahrhundert

Wirtschaftliche Not, Bevölkerungsexplosion, in der Folge ein Heer von bitter armen Menschen, Bürgerkriegssituation, Aufbruchstimmung in den Wissenschaften - so heißen die Schlagzeilen, die über die Lebenszeit Wilhelms von Hirsau gesetzt werden können. Im 11. Jahrhundert liegt eine neue Zeit in den Geburtswehen: das Hochmittelalter. Es ist eine Ära einschneidender und tiefgreifender Umbrüche. Für den Wandel der Lebensbedingungen und -formen, der sich damals in Deutschland abzuzeichnen beginnt, bemühen die Historiker den Vergleich mit den Prozessen in unserer jüngeren Vergangenheit und Gegenwart, mit der industriellen Revolution im 19. und 20. Jahrhundert.

Wirtschaftlicher Wandel

Im 11. Jahrhundert kann ein rapider Bevölkerungsanstieg festgestellt werden. Zwischen 1050 und 1200 verdoppelt sich die Einwohnerzahl in Deutschland. Im Mosel-Gebiet verdreifacht sie sich vom Jahre 1000 bis zum Jahre 1250. Für das spätere Land Sachsen konnte sogar eine Verzehnfachung der Bevölkerung von 1100 bis 1300 errechnet werden. Neue Städte und Siedlungen wuchsen aus dem Boden. Das enorme Bevölkerungswachstum forderte eine gewaltige Erhöhung der Nahrungsmittelproduktion. Die bislang genutzten landwirtschaftlichen Flächen reichten dafür nicht mehr aus, zumal die Erträge ohnehin sehr niedrig lagen. Bei Getreide erntete man im Durchschnitt nur das Dreifache des Saatgutes. Da keine anderen Mittel zur Verfügung standen, mußten, um der notwendigsten Bedürfnissen Herr zu werden, zusätzliche

Anbauflächen erschlossen werden. So begann im 11. Jahrhundert die Eroberung bislang ungenutzter Gebiete und deren Umgestaltung in Kulturlandschaften. In Europa hob »die große Zeit der Rodungen« an. Der Mensch drang in ungenutzte Zonen vor. Die Flußniederungen wie die Marschen an der Nordsee wurden kultiviert, der Natur abgerungen und zur landwirtschaftlichen Nutzfläche umgeformt. Die schwer zu bearbeitenden und auch wenig ertragreichen Böden der Mittelgebirge und des Alpenrandes wurden, der Not folgend, unter großen Mühen Schritt für Schritt fruchtbar gemacht.

»Rodungstrupps stießen in die Wälder vor: das ›Unland‹ schwand« (Hagen Keller). Die adeligen Landbesitzer und die Kirchenfürsten hatten ein Interesse an der Erschließung des bislang unbebauten Landes in ihrem Herrschaftsbereich. Am Vordringen der Klöster, die aus der Hirsauer Bewegung hervorgegangen sind, kann dieser wirtschaftliche Prozeß im Schwarzwald anschaulich verfolgt werden. Mit ihnen drangen menschliche Siedlungen in die Wildnis vor, wurde Neuland gewonnen. Die Klöster waren nun die Pioniere, die Vorposten der Zivilisation. Ursprünglich suchten die Mönche gerade die Abgeschiedenheit, die Trennung von der übrigen Welt durch ihre ferne Lage im dunklen Wald. Auch wenn dies weiterhin Beweggrund blieb, so verlagerte dennoch die neue wirtschaftliche Situation und die neue Funktion, die dabei die Mönche übernahmen, zunächst kaum merklich, dann immer deutlicher den Akzent. Waren die Klöster sichtbare Oasen einer Gegenwelt zur herrschenden, so wurden sie nun die Speerspitzen der sich ausbreitenden Zivilisation und der Dienstbarmachung der noch unberührten Natur. Station für Station belegten dies zunächst das Kloster Hirsau selbst und dann die von Hirsau aus gegründeten Schwarzwaldklöster Klosterreichenbach, St. Georgen, St. Peter oder Zwiefalten auf der Schwäbischen Alb.

Päpste

Die Zeit wirtschaftlicher Landeroberung fällt zusammen mit der Krise des Papsttums im 11. Jahrhundert. Seit dem 10. Jahrhundert war die Wahl und Berufung des kirchlichen Oberhauptes in den Händen von wenigen italienischen Adelsfamilien, war der Stuhl Petri ein Spielball ihrer Ränke und Machtgelüste. Insbesondere die Geschlechter der Tuskulaner und Crescentier wetteiferten um den Einfluß, den sie geltend machen konnten, wenn einer der ihrigen oder ein von ihnen Abhängiger die Papstwürde innehatte. Wahlbetrug, Bestechung, Kauf kirchlicher Ämter, alle nur denkbaren Mittel wurden eingesetzt, um zum Ziel zu gelangen. Der Ämterkauf und die Bestechung fällt kirchenrechtlich unter den Begriff »Simonie«. Das Wort geht auf die Person des Simon Magus (Simon der Magier) zurück, der in der Apostelgeschichte erwähnt wird. Dieser bietet Petrus Geld an, damit ihm die Macht verliehen werde, den Heiligen Geist zu übertragen (Apg 8,15-25).

Gerade gegen die Simonie richtet sich die Kirchenreform des 11. Jahrhunderts. In ihr erblickt sie das Grundübel, welches Papsttum und Kirche untergräbt und sie den machtpolitischen Interessen von Parteien ausliefert. Nur aus sich heraus, nur wenn der Geist in ihr wirken kann und nicht das Geld der Mächtigen und Reichen, kann die Kirche gesunden.

Wie zerrüttet die Verhältnisse aussahen, das zeigt die Geschichte der drei Päpste, die sich kurz vor Mitte des 11. Jahrhunderts das Petrusamt anmaßten. Von 1032-1044 regierte Papst Benedikt IX. Er gehörte zur Partei der Tuskulaner und kam in sehr jungen Jahren zum höchsten Kirchenamt. Daß er erst zwölf Jahre alt gewesen sei bei seiner Ernennung, wird neuerdings von der kirchengeschichtlichen Forschung als böswillige Übertreibung seiner Gegner zurückgewiesen; dennoch kann ihm kein reifes Alter nachgesagt werden. Die Familie der Crescentier präsentierte Benedikt IX. in Silverster III. einen Gegenpapst und vertrieb ihn aus Rom. Gegen eine hohe Geldsumme verkaufte nun Benedikt IX. die Papstrechte an den Erzpriester Johannes Gratian, seinen Taufpaten. Dies war ein einmaliger Akt. Zwar hatten sich schon viele das Papsttum erkauft, noch nie aber hatte ein amtierender Papst die höchste kirchliche Würde verkauft. Johannes Gratian nannte sich Gregor VI. Benedikt IX. besann sich aber anders, kehrte nach Rom wieder zurück und beanspruchte weiterhin, der rechtmäßige Papst zu sein. Es gab nun drei Päpste gleichzeitig. In dieser gleichermaßen verfahrenen wie grotesken Situation trat nun der deutsche König Heinrich III. auf den Plan. 1046 setzte er auf den Synoden von Sutri und Rom kurzerhand alle drei Päpste ab und schlug den Römern, die damals noch den Papst als Bischof ihrer Stadt wählen durften, Bischof Suidger von Bamberg als Nachfolger vor. Als Clemens II., der am Tag seiner Ernennung Heinrich III. zum Kaiser gekrönt hatte, starb er schon 1047. Die Lücke nutzte abermals Benedikt IX. zu einer achtmonatigen Fortsetzung seines Pontifikats. Wiederum griff Heinrich ein. Nacheinander schlug er deutsche Bischöfe vor, zuerst Poppo von Brixen. Er wurde Papst Damasus II. (1048). Dann Bischof Brun oder Bruno von Toul, der als Papst Leo IX. (1049-1054) in die Geschichte einging, schließlich Bischof Gebhard von Eichstätt, der den Namen Viktor II. (1055-1057) führte. Wer Papst sein durfte, bestimmte der Kaiser. Er war durch sein entschlossenes Bemühen, das Papsttum aus dem Einflußbereich italienischer Adelsgeschlechter zu befreien, selbst der eigentliche Herr der Kirche geworden.

Die deutschen Päpste brachten Bewegung in die Kirche. Mit ihnen setzte die Ära der Reform, der Erneuerung ein. Eine geradezu herausragende Gestalt des mittelalterlichen Papsttums ist Leo IX., ein Sproß aus dem elsäßischen Adelsgeschlecht der Egisheim und Dagsburg. Leo IX. war der Mann, so der große Historiker Johannes Haller, dem Heinrich III. beides in die Hand legte, »den Zustand der Kirche zu bessern und die Interessen des Reiches wahrzunehmen. Er hat beides getan, auch auf dem Stuhl Sankt Peters zu Rom ein deutscher Reichsbischof, wie er sein sollte, für den das Wohl der Kirche und Reich eins war, ein Staatsmann und Kriegsherr ebenso sehr wie Priester und Seelenhirt, und beides in bester Prägung.«

Leo IX. war mit dem herrschenden Königshaus nahe verwandt. Er war ein Vetter Kaiser Konrads II., des Vaters von Kaiser Heinrich III., der seine Papstwahl eingeleitet hatte. Leos Schwester heiratete Adalbert I. von Calw. Im Jahre 1049 besuchte er seine Verwandten am Nordrand des Schwarzwaldes und verlangte die Wiederbelebung des ausgestorbenen Aurelius-Klosters von Hirsau.

Leo war der erste Reisepapst in der Geschichte des Heiligen Stuhls. Wo Leo war, da war auch Rom. In nur kurzer Zeit zeigte er sich in der Po-Ebene in Norditalien, in Reims in Frankreich, in vielen Teilen Deutschlands. Der Papst wurde so zu einem sichtbaren Faktor. Trotz seiner langen Abwesenheiten von Rom säuberte er die Kurie, die päpstliche Verwaltung. Er setzte einen Beraterstab ein, der über die Amtsperiode eines »Bischofs von Rom« hinaus, was der Papst auch ist, die Geschäfte führte. Durch ihn entstand das Kardinalskollegium, welches fortan an der Leitung der Kirche beteiligt ist. Noch durfte es nicht den Papst wählen. Erst sechs Jahre nach Leos Tod, im Jahre 1060, erhielt es dieses Recht.

Zu den Vertrauensleuten, welche Leo IX. nach Rom holte, gehörte auch der Mönch Hildebrand, der spätere Papst Gregor VII. Leo und Hildebrand kannten die Reformbewegung von Cluny. Beide sahen in deren Ansätzen die entscheidende Möglichkeit für eine Neugestaltung der Kirche. Daher ließen sie nichts unversucht, was die monastische Reform stärken und deren Ausbreitung unterstützen konnte. Die von Cluny inspirierte, von Wilhelm von Hirsau erarbeitete Verfassung des Mönchtums entsprach bis in die Details hinein der Richtung des neuen Papsttums.

Unter den neuen Männern Leos IX. treffen wir noch einen weiteren späteren Papst, der ebenfalls aus dem Benediktinerorden kommt: Friedrich von Lothringen. Als Stephan IX. (1057-1058) bestieg er den Thron von Sankt Peter. Sein Bruder Gottfried der Bärtige, Herzog von Lothringen, bildete eine der Säulen einer aufstrebenden Adelsschicht, die gegen die reformfeindlichen italienischen Adelsgruppen der Sache des neu begriffenen Papsttums Geltung verschafften. Eine Tochter Gottfrieds des Bärtigen hieß Wiltrudis. Sie ehelichte Graf Adalbert II. von Calw, war also ebenfalls wie ihr Gemahl eng mit einem Papst blutsverwandt. Leo IX., der Entscheidendes bewegt hatte, gelang es, den allenthalben spürbaren Zerfall des Papsttums zu stoppen. Er gab dem obersten Amt der Christenheit eine kirchliche und politische Perspektive. Nach nur kurzer Regierungszeit fiel er in Apulien im Kampf gegen die Normannen dem Feind in die Hände. In der Gefangenschaft erkrankte er schwer. Nach Rom gebracht, starb er am 19. April 1054. »Nur fünf Jahre hatte er seines Amtes gewaltet, und doch bedeutete seine Regierung einen Wendepunkt in der Geschichte des Papsttums, ja des Abendlandes«, schreibt wiederum Johannes Haller. »Unter allen Nachfolgern des Apostelfürsten war er einer der bedeutendsten«, so die Einschätzung eines anderen Historikers, »unter den deutschen Päpsten sicher der wichtigste« (Werner Goez). Leo IX. hat auch der Hirsauer Bewegung, wie schon angedeutet und noch näher auszuführen, den ersten Anstoß gegeben.

Papst gegen Kaiser

Eine bildkräftige Nachricht eilte 1077 in Windeseile durch Europa: Der Kaiser warf sich dem Papst zu Füßen. In dieser Geste der Demut, der Erniedrigung gipfelte das politische Drama des 11. Jahrhunderts, in dem beide Spitzen der abendländischen Rechts- und Weltordnung sich gegeneinander gerichtet hatten. Gerade in der Zeit, als Hirsau unter seinem Abt Wilhelm aus St. Emmeram groß wurde, stellte sich der Papst gegen den Kaiser, der Kaiser gegen den Papst.

In einer Phase des Niedergangs hatte sich Kaiser Heinrich III. als Ordnungsgewalt eingeschaltet, indem er das verrottende Papsttum dem Sumpf der lokal- und familienpolitischen Streitigkeiten italienischer Adelsfamilien entriß. Heinrich III. hatte den Heiligen Stuhl aus den heillosen Verstrickungen befreit, die den jeweiligen Nachfolger des Apostelfürsten Petrus nur zu einem Popanz im Interessenspiel römischer Parteien degradierten. Er hatte dem Papst wieder seine Bedeutung zurückgegeben, die ihn als Oberhaupt der gesamten Kirche und nicht nur der Ortskirche von Rom kennzeichnet, und ihn somit erneut vor seine weltpolitische Aufgabe und Verantwortung gestellt.

Auf der anderen Seite war aber gerade durch den massiven Druck, durch die entschiedenen Vorgaben bei den jeweiligen Papstwahlen, bei denen Heinrich rücksichtslos seine eigenen Kandidaten präsentierte und durchsetzte, der Kaiser selbst zum eigentlichen Herrn der Kirche aufgestiegen.

Das erstarkende, das sich befreiende Papsttum mußte nun seinerseits, um wirklich unabhängig und frei zu sein, sich der

Bevormundung durch seine Befreier erwehren. Der sich jetzt anbahnende Zwist zwischen Papst und Kaiser erschütterte das »Heilige Römische Reich Deutscher Nation« bis auf die Fundamente und bestimmte das Geschehen auf der politischen Bühne bis hinein ins 12. Jahrhundert. Der unter dem Titel »Investiturstreit« in die Geschichtsbücher eingegangene Machtkampf wurde dabei beileibe nicht nur auf geistigem Felde ausgefochten. In Deutschland entwickelte er sich zum Bürgerkrieg und nahm blutige Ausmaße an.

Auf einen vereinfachten Nenner gebracht, ging es beim Investiturstreit darum, wer in der Kirche *allein* das Sagen habe. Kaiser wie Papst fühlten sich als »Gesalbte des Herrn« und damit als »Gottes Stellvertreter auf Erden«. Schon äußerlich unterschieden sich beide kaum in ihren Insignien, in den Abzeichen ihrer Stellung und Würde. Der Kaiser trug wie der Papst Mitra und Stola, die seine gleichsam priesterliche Position sichtbar machten. Die in Wien aufbewahrte Kaiserkrone ist so gebaut, daß sie einer Mitra, der »Bischofsmütze« des Kaisers, Platz läßt. Der christliche Herrscher verstand sich zugleich als »rex et sacerdos", als »König und Priester«, gemäß der Vorstellung, welche das Alte Testament vom Hohenpriester überliefert. Dort hatte der Hohepriester »eine goldene Krone über der Mitra getragen« (Eccli 45,14), wie in deutscher Übertragung der Text der im Mittelalter maßgeblichen lateinischen Vulgata-Bibel lautet. Die frühdeutsche Krönungsordnung läßt den König oder Kaiser teilhaben am geistlichen »ministerium«. Umgekehrt war auch das Haupt des Papstes ein gekröntes. Es trug bis zu Papst Paul VI. (1963-1978), der also erst in jüngster Vergangenheit darauf verzichtete, die Dreifachkrone der Tiara.

Das Priestertum von König und Kaiser fand darin seinen sinnfälligen Ausdruck, daß sie sich das Recht nahmen, die Reichsbischöfe einzusetzen und sie mit den Hoheitszeichen ihres Amtes zu bekleiden. »Investitur« heißt Einkleidung, Bekleidung. Wer einem Bischof, einem Abt die Mitra aufsetzte, wer ihm den Hirtenstab in die Hand drückte, der zeigte damit zugleich, wessen Macht und Recht er seine Stellung verdankt, wer die ihm übergeordnete Instanz darstellt. Nicht nur der König und Kaiser nahmen solche Einsetzungen vor, Fürsten und Adelige taten in ihren Hoheitsbereichen das gleiche. Die sogenannte »Laieninvestitur« reichte bis hinunter zum Ortsadel, der in Eigenkirchen und -klöstern ebenfalls so verfuhr, daß er letztlich bei der Besetzung geistlicher Ämter mitredete.

Die Laieninvestitur öffnete dem möglichen Mißbrauch geistlicher Ämter auf beiden Seiten Tür und Tor. Der Verkauf von bestimmten Stellen an den meistbietenden, die sogenannte Simonie, wurde dadurch ebenso gefördert wie die Suche nach möglichst willfährigen Kandidaten, die die Interessen der jeweiligen weltlichen Herrschaft vertraten. Um die »libertas ecclesiae«, die »Freiheit der Kirche« zu sichern, mußte daher in den Augen von Papst Gregor VII. (l073-1085) die Laieninvestitur mit der Wurzel ausgerottet werden. Dies wiederum beschnitt überkommene Rechte und Ansprüche des Kaisers. So entbrannte zwischen Gregor VII. und Kaiser Heinrich IV. (1056-1106) ein erbitterter Machtstreit. Gregor VII., der ehemalige Benediktinermönch von Cluny, führte mit seinem Erlaß »Dictatus Papae« von 1075 den ersten Hieb gegen den Kaiser. Darin wird in 27 Grundsätzen das kirchenpolitische Programm des Papsttums festgeschrieben, wie es für die nächsten Jahrhunderte Gültigkeit besitzen sollte. Die Kernaussage hält fest, daß der Papst allein das höchste Haupt der Christenheit darstellt. Der Papst kann nicht nur in die Angelegenheiten und Rechte von Bischöfen eingreifen, aufgrund seiner geistlichen Oberhoheit ist er auch über Könige und Kaiser gestellt; er kann sogar Könige und Kaiser absetzen. Auf der Fastensynode in Rom im selben Jahr verschärfte Gregor noch seinen Standpunkt, indem er jeden mit dem Kirchenbann, das heißt mit dem Ausschluß aus der kirchlichen Gemeinschaft, bedrohte, der dem Verbot der Laieninvestitur zuwider handelte.

Der Kirchenbann, das sollte zum Verständnis erwogen werden, bedeutete für den Betroffenen nicht nur eine Gefahr für sein künftiges Seelenheil im Jenseits, es schloß ihn bereits im Diesseits gewissermaßen aus der Gesellschaft aus. Heinrich IV., nicht gewillt einen solchen Eingriff in bisherige Rechte hinzunehmen, wiegelte 1076 auf dem Reichstag in Worms die versammelten Reichsstände gegen den Papst auf. Gregor VII. wurde kurzerhand für abgesetzt erklärt.

Der Papst wiederum - zu allem entschlossen - antwortete und verhängte nun tatsächlich den Kirchenbann über Heinrich IV. und löste die Verpflichtung zur Einhaltung des Treueeids bei dessen Untertanen. Heinrich IV. geriet dadurch in eine schwierige Lage, denn seine Untergebenen konnten nun eigene Wege gehen. Der Zusammenhalt im kaiserlichen Lager schmolz rasch dahin. Die Fürsten, selbst um ihre Machtstellung besorgt, verlangten von Heinrich ultimativ, innerhalb eines Jahres die Rücknahme des Kirchenbannes zu erwirken, andernfalls werde ein neuer König gewählt. In dieser äußersten Gefahr einer schwindenden Anhängerschaft und des Verlustes der Königswürde zog Heinrich IV. noch im Winter über die Alpen, um dem Papst Abbitte zu leisten. In der kältesten Jahreszeit, vom 26. bis 28. Januar 1077, stand er mit Frau und Kindern und nur geringem Gefolge im Büßergewand vor der Burg Canossa am Nordhang des Apennin, wohin sich Gregor VII. selbst in Sicherheit gebracht hatte. Drei Tage lang mußte er dort ausharren und um Einlaß flehen, bis ihn endlich der Papst nach Fürsprache von Heinrichs Taufpaten, dem Abt Hugo von Cluny, empfing und die Exkommunikation aufhob.

Doch damit waren längst nicht alle Probleme beseitigt. Im März 1077 wurde Rudolf von Rheinfelden (+ 1080) zum Gegenkönig gewählt. In Deutschland tobte der Bürgerkrieg. Das Papsttum erklomm den Gipfel seiner Macht im Mittelalter. Es errang die Unabhängigkeit der Kirche von weltlicher Beeinflußung. Simonie und Laieninvestitur wurden scharf geächtet, die Priesterehen verboten. Kirche und Staat traten auseinander.

»Das Paradies ist weit« -
Weltflucht und Heilssuche

»Nu denchent, wib unde man,/ war ir sulint werdan,/ ir minnont tisa brodemi/ unde wanint iemer hie sin.« Dies ist die Sprache und die Gedankenwelt Hirsaus im 11. Jahrhundert. Mit diesen Worten beginnt ein 19 Strophen umfassendes Lehrgedicht über die Vergänglichkeit der Welt und die wahre Bestimmung des Menschen: »Nun bedenket, Weib und Mann«, kann übersetzt werden, »was ihr werden sollt (wofür ihr bestimmt seid), ihr liebt diese brodemi und wähnt immer hier zu sein.« »Brodemi« läßt sich nur schwer in modernes Deutsch übertragen. Der Ausdruck meint das Vergängliche, das Zerbrechliche, das Schwindende und steht für das Ganze der hiesigen Wirklichkeit.

Das 1878 von Karl August Barack wiederentdeckte Gedicht gewährt uns einen tiefen Einblick in das Lebensgefühl, in die Gedankenwelt, in die Seelenlage der Menschen des 11. Jahrhunderts, insbesondere in das Denken der Hirsauer. Am Ende der Verse teilt uns der Schreiber den Namen des Verfassers mit. »Daz machot all ein Noker« - »das alles machte ein Nogger«, ist in der Abschrift des 12. Jahrhunderts zu lesen. Gemeint ist wohl niemand anders als Nogger von Zwiefalten, der erste Abt dieser von Hirsau besiedelten Tochtergründung. Nogger gehörte zweifellos zum engsten Kreis um Wilhelm von Hirsau, denn sonst hätte dieser ihm kaum die Leitung der neuen Abtei am Rand der Schwäbischen Alb übertragen.

Noggers Gedicht wurde ein alemannisches »Memento mori« genannt, eine dichterische Mahnung und Erinnerung des Menschen an seine Endlichkeit und an seinen künftigen Tod. »Bedenke, daß du sterben mußt« heißt »memento mori« wörtlich übersetzt. In der 6. Strophe wird dies deutlich genug ausgesprochen: »Ir sulent alle ersterben« - »ihr werdet alle sterben«, keiner kann diesem Los entgehen. »Ter man einer stuntwilo zergat, /also skiero so diu brawa zesamine geslat.« »Der Mensch vergeht in einem Augenblick, so rasch wie das Lid (die Braue) zusammenschlägt.«

Der Mensch, die Tatsache seines ständig nahen Todes übersehend, überspielend, läuft Gefahr, sich in die »wenchheit«, die elende Welt, zu verlieben, sie zu minnen, und sich darin zu verlieren. Er erliegt der Täuschung des Diesseitigen, dessen Eitelkeiten und Nichtigkeiten, er nimmt nicht wahr, daß alles nur Windhauch ist, um die hier passenden Worte des alttestamentlichen Buches Kohelet (Koh 1, 2) anzubringen. »Ja du vil ubeler mundus , / wie betriugist tu uns sus!« »Ja, du zutiefst üble Welt, wie betrügst du uns so«, ruft Nogger von Zwiefalten aus.

Der Gedanke von der Pilgerschaft des Menschen auf Erden begleitet als zweites Grundmotiv in dieser Dichtung die Sicht von der üblen, der trügerischen, der vergänglichen Welt. Der Mensch befindet sich zeitlebens auf der Wanderschaft, auf einer Reise, einer langen Fahrt (langun vart). Wer unterwegs ist, handelt unklug, wenn er ausgiebig rastet, denn er könnte in der zur Verfügung stehenden Zeit sein Ziel nicht erreichen.

In einem poesievollen Bild schildert der Hirsauer Dichtermönch Nogger die Situation, wie ein Fahrender sich unvorsichtigerweise unter dem »schönen Baum« der Welt zur Ruhe legt. Der Schlaf übermannt ihn. Er vergißt, wohin er wollte.

»Ter man ter ist niwit wise, ter ist an einer verte
einin boume vindit er sconen, tar undir gat er ruin:
so truchit in der slaf ta, so vergizzit er dar er scolta;
als er denne uf springit, wie ser iz in denne riwit!«
(Der Mensch, der ist nicht weise, der auf einer Fahrt ist, einen schönen Baum findet, darunter er zur Ruhe geht: Da drückt ihn der Schlaf darnieder, so vergißt er, wohin er sollte; als er dann aufspringt, wie sehr reut es ihn dann!)

In der Sorge um das Heil der Seele, auf dem Weg ins Licht ist der gemütlich scheinende Schattenplatz der Welt zu meiden. Das Leben, dessen Erfüllung nicht im Hier und Jetzt liegt, muß als »peregrinatio«, als »Pilgerschaft«, als Durchgang begriffen werden.

Weltflucht und Heilssuche laufen so zusammen. Den Grundakkord schlägt schon der Apostel Paulus an, wenn er die Mitglieder der Gemeinde von Korinth daran erinnert, daß »die Zeit kurz ist«, darum solle jeder sich auf die Zukunft hin verhalten, er solle besitzen, als besäße er nicht. »Wer sich die Welt zunutze macht«, dann so »als nutze er sie nicht; denn diese Gestalt der Welt vergeht« (1 Kor 7,29-31). Der lateinische Kirchenvater Ambrosius (333/334-397) spricht im gleichen Sinne von der Weltentsagung: »Wir sind der Welt abgestorben; was kümmern wir uns noch um sie«, fragt er in seiner Schrift »Über die Flucht vor der Welt«. Und er fährt fort: »Wenn wir der Welt und dem Gebrauch der Welt entsagt haben, wie dürften wir uns dann doch wieder in Schmutz versenken? Laßt uns von hier fliehen, weil die Zeit so kurz ist.«

Weltflucht und Heilssorge, in dem Gedicht Noggers geradezu programmatisch artikuliert, bewegt die Menschen des 11. und der nachfolgenden Jahrhunderte im Innersten. »Selbst auf den Dörfern«, schreibt Bernold von Konstanz »trachteten die Bauerntöchter, der Ehe und der Welt zu entsagen ... aber auch wer verheiratet war, suchte trotzdem ein geistliches Leben zu führen ... Ein solcher Eifer blühte vorzüglich im Lande Schwaben, wo sich sogar viele Dörfer völlig dem geistlichen Leben ergaben, und unaufhörlich strebten, sich gegenseitig in der Heiligkeit der Sitten zu übertreffen« (zitiert nach Hermann Tüchle).

Zwischen Verhaftetsein im Diesseits und der Sehnsucht nach dem Jenseits, zwischen irdischem Dasein und himmlischem Paradies - zwischen diesen Polen, innerhalb dieses Spannungsfeldes vollzieht sich das Selbstverständnis des mittelalterlichen Menschen. In seiner ganzen Endlichkeit und Beschränktheit, in der Vergänglichkeit der Welt sieht er sich von der Ewigkeit her bestimmt. Aus dieser Grundspannung heraus müssen auch das ganze öffentliche politische Leben und die Auseinandersetzungen in Kirche und Reich verstanden werden. Denn ihnen oblag es, die äußeren Rahmenbedingungen zu schaffen, damit der Gemeinschaft und dem einzelnen der Durchbruch zu seiner wahren Bestimmung gelingen konnte. Diese Spannung liefert überhaupt den Schlüssel zur Einsicht in die Grundverfassung des mittelalterlichen Menschen. Ohne diesen Einblick blieben uns Sinn und Wesen des Mönchtums verborgen. Wenn wir Noggers Gedicht recht zu lesen verstehen, dann erfassen wir das Grundanliegen des Mönchtums, wie es Wilhelm von Hirsau für seinen Bereich klar herausgestellt hat. Das Mönchtum ermöglicht es dem Menschen, sich als Pilger anzunehmen, um den schweren Lebensweg auszuhalten und durchzustehen, der ihn zur ewigen Seligkeit führen soll, denn »Paradysum daz ist verro hinan«, sagt Nogger. »Das Paradies ist weit von hier.«

Hirsaus Anfänge

Legende und Wirklichkeit

Die Anfänge Hirsaus umwehen die Schwaden einer Legende, die freilich immer wieder historisch gesichertes Terrain durchscheinen lassen. Menschliches Wollen und himmlisches Walten spielten in den Augen der mittelalterlichen Chronisten zusammen, als zur Regierungszeit Ludwigs des Frommen (810-840), des Sohns Kaisers Karls des Großen, das erste Kloster im Tal der Nagold errichtet wurde. Ein »frommer Graf namens Erlafrid« (Erlefridus), der »in einem Teil Alemanniens zu Hause war, habe auf einem Gut, einem lieblichen Ort, der Hirsau genannt werde, das Gotteshaus errichtet «, berichtet der Codex Hirsaugiensis. Anderen Zeugnissen zufolge ist nicht Erlafrid, sondern dessen Sohn Not(h)ing, Bischof von Vercelli im oberitalienischen Piemont, der eigentliche Motor der Gründung. Er habe Reliquien, sterbliche Überreste also wie Knochen und ähnliches, des heiligen Aurelius, eines Bischofs in Armenien, der 475 in Mailand verstorben war, über die Alpen in seine Heimat bringen lassen.

Der kostbare Reliquienschatz sollte ursprünglich in einem dem Märtyrer Nazarius geweihten Kirchlein auf einem Hügel in der Nähe von Calw, wo Erlafrid ein »Waldhaus« hatte, aufbewahrt werden. Als aber der Zug mit den Gebeinen des Heiligen die heutige Stelle des ehemaligen Aurelius-Klosters passierte, sei ein Blinder aus der wartenden Volksmenge hervorgetreten und habe laut gerufen: »Hilf mir, heiliger Verehrer Gottes, Aurelius, schenk mir das Licht der Augen wieder, wie du versprochen hast!« Sofort sei der Blinde sehend geworden.

Das Wunderereignis bewies zweierlei, einmal die heilende Kraft der Reliquien - und damit ihre Bedeutung -, zum anderen adelte es den Ort, an dem dies geschah. Reliquien, das begegnet immer wieder in den Aufzeichnungen der Vergangenheit, finden den vorherbestimmten Ort, an dem sie und damit die Heiligen, deren körperliche Reste sie ja sind, verehrt werden wollen und verweisen darauf durch wunderbare Zeichen. Durch die Blindenheilung stand für alle Beteiligten die Auszeichnung der Stelle fest. Darum wurde an dieser Stätte, nachdem sie vorübergehend in einer nahen, dem heiligen Petrus geweihten, Kirche untergebracht worden waren, über den Gebeinen des heiligen Aurelius ein Kloster gebaut. Die tiefe Bedeutung der Erzählung von der Blindenheilung liegt darin, daß mit diesem Bild gezeigt werden soll, wie damals das Licht des Glaubens in die dunklen Schwarzwaldtäler vorgedrungen ist.

Erlafrid und sein Sohn Not(h)ing galten eine Zeitlang als legendäre, historisch umstrittene Gestalten. In der gegenwärtigen Geschichtsschreibung wird jedoch an ihrer in verschiedenen Quellen nachweisbaren tatsächlichen Existenz nicht mehr gezweifelt. Inzwischen gilt außerdem als ziemlich sicher, woran ebenfalls ein Fragezeichen hing, daß in ihnen die Vorfahren der späteren Grafen von Calw zu sehen sind.

Als genaue Daten werden für die erste Gründung eines Klosters in Hirsau die Jahre 830 und 832 in den Urkunden verzeichnet. Archäologische Funde, die bei der Restauration der ruinierten Aurelius-Kirche im Jahre 1955 an den Tag kamen, stützen die bekannten Zahlen. Im Bauschutt von Jahrhunderten, der sich im früheren Südturm angesammelt hatte, fand man große Bruchstücke von Steinplatten mit lombardischen Flechtwerkornamenten aus karolingischer Zeit, eben der Ära Ludwigs des Frommen. Welche Funktion die reich geschmückten Tafeln besaßen, ob sie Teile der Chorschranken waren, welche den Gottesdienstraum der Mönche vom Kirchenschiff trennte, ob sie die Vorderseite eines Altars bildeten oder einen anderen Zweck erfüllten, kann nicht mehr eindeutig ermittelt werden.

Jedenfalls kann sowohl durch archäologische Funde und deren kunstgeschichtliche Einordnung als auch durch schriftliche

Nachrichten, vor allem den im 9. und 10. Jahrhundert verfaßten Lebensbeschreibungen des heiligen Aurelius, belegt werden, daß bereits im 4. Jahrzehnt des 9. Jahrhunderts in Hirsau ein Kloster zu existieren begann.

Im Jahre 837 sei die kleine Abtei, die »Cella Sancti Aurelii«, »Zelle des heiligen Aurelius«, fertiggestellt und im darauffolgenden Jahr durch Erzbischof Otgar von Mainz eingeweiht worden. Papst Gregor IV. und Ludwig der Fromme bestätigten die Stiftung Erlafrids. Die ersten Mönche seien aus Fulda in den Schwarzwald gekommen. Fulda zählte damals zu den bedeutendsten Benediktinerabteien im »Heiligen Römischen Reich Deutscher Nation«. Als die für Hirsau bestimmten Mönche entsandt wurden, stand dem Fuldenser Kloster noch Hrabanus Maurus (780-856) vor, der schon zu Zeiten Karls des Großen seinen Konvent zu hoher Blüte in Wissenschaft und Frömmigkeit geführt hatte. Hrabanus Maurus wird bis zum heutigen Tag mit dem Titel »primus Praeceptor Germaniae«, »erster Lehrer Deutschlands«, geehrt. Dies zeigt, welche Anknüpfung für die Neugründung an der Nagold bei Calw gesucht wurde. Liudebert, der erste Abt von St. Aurelius in Hirsau, und Hidulph, dessen erster Prior, hatten beide in Fulda zu den gelehrtesten Männern gehört.

Eigenkirche

Das erste Hirsauer Kloster war eine Eigenkirche der Stifterfamilie. Solche Eigenkirchen und Eigenklöster rechneten zum Vermögen derjenigen, auf deren Grund sie standen. Diese übten dabei nicht nur die Vogteirechte aus, das heißt, sie vertraten und schützten die Kirche oder das Kloster nach außen, ihre Herrschaft erstreckte sich außerdem auf die Nutzung des gesamten der Kirche oder dem Kloster zugehörigen Gutes sowie der laufenden Einkünfte. Die an einer Eigenkirche tätigen Geistlichen oder die zu einem Eigenkloster gehörenden Mönche standen in wirtschaftlicher und rechtlicher Abhängigkeit vom Grundherrn. Der redete auch in die personellen Angelegenheiten hinein, indem er bei der Besetzung von

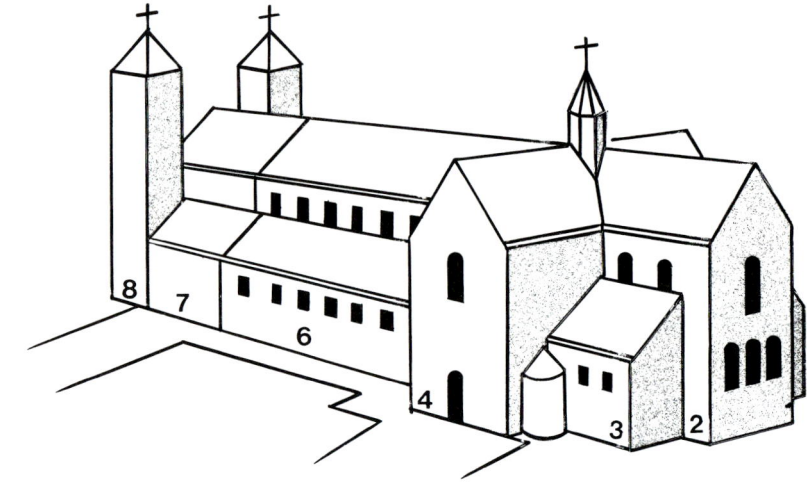

Perspektivische Rekonstruktion der Peter- und- Pauls-Kirche

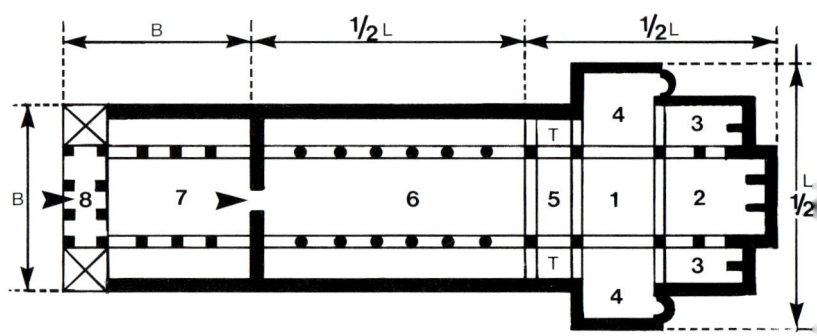

Grundriß der von Wilhelm von Hirsau erbauten Peter- und- Pauls-Kirche

1 Vierung
2 Chorraum (chorus maior)
3 Seitenkapellen
4 Seitenquadrate mit Apsiden

5 Kleiner Chor (chorus minor)
6 Mittelschiff (Laienkirche)
7 Vorhalle (»Paradies«)
8 Eingangshalle (mit Westtürmen)

Cluny in Burgund, Rekonstruktion

*Flechtwerkplatte
aus St. Aurelius, um 830*

Blick auf das zerstörte Kirchenschiff von St. Peter und Paul, heutiger Zustand

St. Aurelius Hirsau, erbaut 1059–1071, erneuert 1955/56

Löwe, Ausschnitt aus den Figurengruppen am »Eulenturm«

Figurenfries am »Eulenturm«

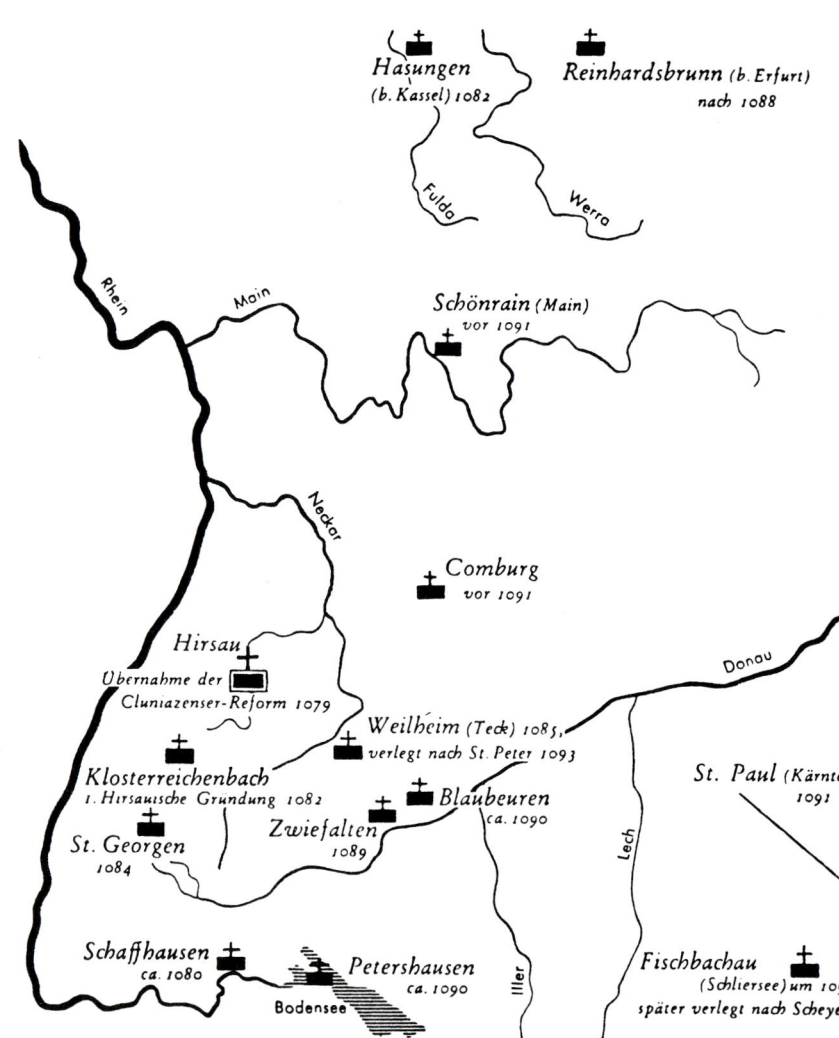

*Die Ausbreitung
der Hirsauer Reformbewegung
zur Zeit Wilhelms von Hirsau*

Hasungen
(b. Kassel) 1082

Reinhardsbrunn (b. Erfurt)
nach 1088

Fulda

Werra

Rhein

Main

Schönrain (Main)
vor 1091

Neckar

Comburg
vor 1091

Donau

Hirsau
Übernahme der
Cluniazenser-Reform 1079

Weilheim (Teck) 1085,
verlegt nach St. Peter 1093

St. Paul (Kärnte
1091

Klosterreichenbach
1. Hirsauische Gründung 1082

Blaubeuren
ca. 1090

Zwiefalten
1089

St. Georgen
1084

Lech

Schaffhausen
ca. 1080

Petershausen
ca. 1090

Bodensee

Iller

Fischbachau
(Schliersee) um 10
später verlegt nach Scheye

Hirsauer Tafelbild von Sebastian Bopp, um 1480. Bischof Aurelius neben Benedikt
von Nursia. Im Hintergrund Ansicht der Hirsauer Klostergebäude

Ambo (Teilansicht) aus dem zum Hirsauer Verband gehörenden Kloster Alpirsbach,
12. Jahrhundert; heute Stadtkirche Freudenstadt

*Der sogenannte »Eulenturm«,
der linke erhaltene Westturm
von St. Peter und Paul*

Ämtern, beispielsweise bei der Berufung eines Abtes, mitbestimmte und so direkt in die inneren Verhältnisse eines Eigenkirchenwesens eingreifen konnte.

Die Hirsauer Aurelius-Zelle hatte Erlafrid unter anderem mit zwölf Hufen Land bei Gültstein ausgestattet. Im ganzen Mittelalter, ja bis zur Industrialisierung im 19. Jahrhundert, war Landbesitz die wesentliche Lebensgrundlage. Man lebte von den in Ackerbau und Viehzucht, in Forst und in Weinbergen erwirtschafteten Erträgen. Eine Hufe oder Hube ernährte gewöhnlich eine Bauersfamilie. Dies gestattet Rückschlüsse auf die Größe des Hirsauer Aurelius-Konventes. Da die Mönche schon der Entfernung wegen sicherlich nicht allein die zugeteilten Flächen beackern konnten, mußten sie einen gut Teil der Ernte - neben den Abgaben an den Grundherrn - den Bauern überlassen, die für sie die Arbeit besorgten. Selbst wenn noch weitere Grundstücke einzurechnen sind, so dürfte die Zuteilung insgesamt nur für zwölf bis zwanzig Mönche gereicht haben. Es handelte sich offenbar also nur um ein kleineres Kloster.

Für die Aurelius-Reliquien ließ Abt Harderad nach Auskunft von Johannes Trithemius im Jahre 891 aus Furcht vor einem Normanneneinfall eine gewölbte Kammer bauen. Die weiteren Spuren des ersten Hirsauer Klosters verlieren sich im Dunkel der Geschichte. Um das Jahr 1000 scheint es, dem Verfall preisgegeben, leerzustehen. Möglicherweise hatte eine Krankheitsepidemie den Niedergang beschleunigt; es ist von einer Pestkatastrophe im Jahre 988 die Rede, die auch Hirsau heimsuchte. Die dem Kloster übertragenen Güter fielen wieder an die Grundherrschaft zurück.

Papstbesuch

Ausgestorben, baulich zerfallen, so traf wohl im Jahre 1049 Papst Leo IX. die Anlage an, als er bei seinem Neffen Adalbert II. von Calw Station machte. Er erkundigte sich offensichtlich nach dem geschichtlichen Hintergrund der ehemaligen Zelle, denn der Nachfolger auf dem Stuhl Petri, ließ, wenn wir der Überlieferung Glauben schenken, nach dem Gewölbe mit den Aurelius-Gebeinen

forschen. Erst nach langem Suchen, an dem sich ein im päpstlichen
Gefolge anwesender Baumeister (artifex) beteiligte, entdeckte man
eine »unterirdische Kammer« mit dem Sarkophag des Aurelius.
Eine Bleitafel innerhalb des Sarges aus der Zeit Harderads gab die
darin enthaltenen sterblichen Überreste als die des heiligen Aurelius
zu erkennen. »Nachdem der Papst die Inschrift gelesen hatte«, heißt
es bei Trithemius, »sagte er seufzend vor allen Umstehenden:›Wehe
jenen, die einen solchen Ort mit der leiblichen Anwesenheit eines so
bedeutenden Vorbildes, einen durch Verdienste geheiligten Platz,
so verkommen lassen konnten!‹ Und nachdem der Sarkophag
wieder geschlossen war, kehrten sie zur Burg des Grafen zurück.«
Papst Leo IX. las seinen Verwandten die Leviten. Er drängte nach
voller Wiederbelebung der von den Vorfahren der Calwer Grafen
gemachten Stiftung. Für ihn galt es, der Kirche verloren gegangenes
Territorium wieder zurückzugewinnen und damit ihre Position zu
stärken. In Hirsau hatte er eine Gelegenheit, über seine verwandtschaftlichen Bindungen Druck auszuüben. Hirsau, so schien es
offensichtlich schon Papst Leo IX., bot eine Chance der Gegenwart
von Roms Macht im Reich; eine Chance, die genutzt werden mußte.

Die ersten Mönche

Doch zeigte der Neffe Adalbert II. von Calw - den nachträglich
möglichen Beobachtungen zufolge - zunächst keine Anstalten, dem
Willen seines päpstlichen Oheims zu willfahren. Leo IX., der bereits
1054 im Kampf fiel, erlebte die Wiedergeburt Hirsaus nicht mehr.
Doch können wir uns lebhaft vorstellen, daß die vor zahlreichen
Ohrenzeugen ausgesprochene Verfluchung und die Strafandrohung
für diejenigen, die Hirsaus Verödung weiterhin duldeten, auf die
verantwortliche gräfliche Familie belastend wirkte. Der Frömmigkeit der Ehefrau Wiltrudis (Wielicha) wird einiger Einfluß
zugebilligt. Hinzu kommt noch, daß nicht nur Adalbert über seine
Mutter Neffe eines Papstes war, sondern auch seine Gemahlin
Wiltrudis in solch enger verwandtschaftlicher Beziehung zu einem
Inhaber des Heiligen Stuhls stand. Sie war die Nichte von Papst

Stephan IX. (1057-1058), eines Sohnes Herzogs Gozelos von Lothringen, den wiederum der Onkel ihres Mannes, Papst Leo IX., 1050 nach Rom geholt hatte.

1059, zehn Jahre nach dem Papstbesuch, wird die »geräumige« alte Aurelius-Kirche abgerissen und an ihrer Stelle ein neues Kloster gebaut. Hierbei verlegen die Grafen von Calw ein schon bestehendes Doppelkloster am Rande des Glemswaldes in Sindelfingen. Ein Doppelkloster, ein Männer- und ein benachbartes Frauenkloster, befand sich denn auch in den Anfangsjahren von Hirsaus zweiter Phase. Die Abtrennung des Frauenkonvents wird eine der ersten Taten Wilhelms von Hirsau. Sein Jugendfreund Ulrich von Zell lobt ihn deswegen, weil er das »schwächere Geschlecht« von den Wohnungen der Mönche entfernt hatte.

Im Jahre 1065 beginnt dann erst die eigentliche Wiederbesiedlung von Hirsaus Klosterlandschaft, als aus Einsiedeln zusammen mit Abt Friedrich die ersten neuen Mönche eintreffen. Außer ihrem Vorsteher waren es zwölf an der Zahl, gleich dem Vorbild der Apostel. Der Neuanfang war nicht von Aufsehen erregendem Erfolg gekrönt. Die Mönche vertrugen sich nicht mit ihrem Abt. Die Führung der jungen Klostergemeinde entglitt dessen Händen. Die Mönche wollten ihren offensichtlich ungeliebten, vielleicht in der Menschenführung nur ungeschickten Vorsteher los werden. Sie griffen dabei zum wirksamsten Mittel, zum Rufmord, und setzten ein für Abt Friedrich tödliches Gerücht in Umlauf. Man bezichtigte ihn, der das Gelübde der Keuschheit feierlich gegeben hatte, sich mit einer Frau eingelassen zu haben. Da Friedrich inzwischen auch Graf Adalbert II. von Calw lästig geworden war, weil er von ihm die Rückgabe ehemaliger Klostergüter sowie die Selbständigkeit der jungen Abtei einklagte, packte dieser die Gelegenheit beim Schopfe und setzte Friedrich ab. Die Ära Wilhelms von Hirsau konnte beginnen, der sich noch sehr viel unbequemer erweisen sollte als sein Vorgänger. Der glücklose Abt Friedrich überlebte seine Absetzung nicht lange. Er starb etwa ein Jahr später. Seinen Leib fand man mit einem Bußgürtel gebunden.

Der Gang in die Wüste

Im 11. Jahrhundert in den Schwarzwald zu gehen, glich einem Gang in die Wüste. Der Schwarzwald war noch unerschlossen und nur an den Rändern und Ausläufern spärlich besiedelt. Die Wildnis, die unwirtlichen Gegenden und Landstriche gelten seit den Mönchsvätern der Spätantike, den Wüstensöhnen wie Antonius dem Einsiedler (251/252-356) oder Paulus von Theben (um 228-um 348) in Ägypten, als der Lebensraum jener, die in einer besonders entschlossenenen Weise ein gottgefälliges Leben zu führen trachten. Der griechische Kirchenlehrer Origenes deutet Israels historischen Auszug aus Ägypten und die Durchquerung der Wüste allgemein auf das geistliche Leben der Seele: »Und bevor sie zum Vollkommenen gelangt«, erklärt er, »muß sie (die Seele) in der Wüste wohnen, wo sie sich nämlich üben muß in den Gesetzen Gottes und wo ihr Glaube sich durch Anfechtungen bewähren muß.«

Das christliche Mönchtum hat seinen Ursprung im Gang in die Wüste. Monastisches Leben hat sich fast zu jeder Zeit als ein Leben in der Wüste begriffen, das heißt, als ein Leben am äußersten Rande dessen, wo menschliche Existenz noch möglich ist, ein Leben in der Grenzsituation, an jener entscheidenden Demarkationslinie, an der die Begegnung des Menschen mit Gott stattfinden kann. Denn der Gang in die Wüste, der Zug durch die Einöde ist nicht allein ein körperliches Abenteuer, das dem Leib in der aufgezwungenen Askese größte Mühsale abverlangt, es ist vielmehr noch ein geistiges Abenteuer der ständigen Suche nach Gott.

Gott wiederum, so eine uralte geistliche Erfahrung, ist nicht im Trubel der Welt zu finden, sondern in der völligen Abgeschiedenheit, deren Bild uns die Wüste bietet. Die entscheidende Wende des

Mönchsvaters Benedikt von Nursia beschreiben die Biographien mit den Worten: »Benedikt ... ward in seiner Jugend gen Rom gesandt, die freien Künste zu lernen. Doch bedachte er sich eines Besseren und ließ die Wissenschaften noch in seinen kindlichen Tagen und gedachte, wie er in die Wüste möchte gehn.«

Die »eremus«, die Einöde, die Wüste, wird in der Geistesgeschichte des abendländischen Mönchtums in jedem Fall zu dem Ort, an dem der Einsiedler, der Mönch »sein Lebensziel findet« (Karl Suso Frank), nämlich die »memoria dei«. »Memoria dei«, der lateinische Ausdruck scheint im Deutschen schier unübersetzbar, so schillernd sind seine Anspielungen und Begriffsverknüpfungen. »Memoria dei« kann heißen »Gedächtnis Gottes«, »die Andacht« und damit den Gottesdienst. Es kann das Andenken, die Betrachtung, das Sichhineinversenken in das Geheimnis Gottes gemeint sein, aber auch, um eine weitere Nuance anzureihen, die »Erinnerung«, die »Ver-innerlichung Gottes« und damit die Annäherung an den Schöpfer. Darum auch wird im 11. und 12. Jahrhundert von der »dilecta eremus« der »geliebten Einöde«, der »geliebten Einsamkeit« gesprochen. Das ummauerte Kloster bildet eine solche »eremus«. Es bedurfte in späteren Zeiten nicht mehr des tatsächlichen Gangs in die natürliche Wüste. Durch das Kloster, durch dessen abgegrenzten Bezirk, wurde eine »künstliche Wüste in die bewohnte Welt gesetzt« (Karl Suso Frank). Die »eremus« mußte auch nicht mehr die dürre, wasserlose Wüste Nordafrikas, des Sinais oder Ägyptens sein. Der Begriff weitet sich im Abendland »zum undurchdringlichen, unwirtlichen und tiefen Wald« (Frank). Der Schwarzwald, weitgehend unbewohnt, wild und unerforscht, war im 11. Jahrhundert - und noch beträchtliche Zeit danach - eine solche »eremus«, eine Waldwüste.

Wenn Wilhelm von Hirsau von Regensburg aus dem Ruf in den Schwarzwald folgte, dann knüpfte sein Entschluß, ins ferne Nagoldtal bei Calw zu gehen, an die uralte Mönchstradition an. Hier wird in radikaler Weise eine Abkehr vollzogen. Selbst die »künstliche Wüste« des Stadtklosters wird verlassen, um die härtere, die strengere aufzusuchen, die natürliche Wüste. Parallelen mit dem Leben des heiligen Benedikt drängen sich auf. Jener verließ

Rom, die Stadt schlechthin, gab das Studium der freien Künste, der Wissenschaften also, auf, um sich der Wüste auszuliefern. Wilhelm von Hirsau, ein hervorragender Meister in den freien Künsten, kehrte ebenfalls Stadt und Wissenschaft den Rücken, um in die Wüste zu gelangen, zum Nullpunkt gewissermaßen; denn am Nullpunkt kann neu begonnen werden. Der Ruf »Zurück in die Wüste«, der damals allenthalben erschallte, ist zugleich die Aufforderung, mit der eigenen Berufung ernst zu machen. Die Entscheidung Wilhelms von Hirsau, die Leitung des jungen Schwarzwaldklosters zu übernehmen, darf somit, da er im Kindesalter ungefragt ins Kloster gesteckt wurde, als seine persönliche Umkehr, als das persönliche, bewußte Jawort des reifen Mannes gewertet werden zum Rückzug aus der Welt, zu einem gottgefälligen Leben in Gebet und Entsagung.

Wilhelm aus St.Emmeram
wird Wilhelm von Hirsau

Die Berufung

Wilhelms Berufung nach Hirsau trägt die Züge des Wunderbaren. Ein Traumgesicht geht ihr voran, das die ewige Erwählung bekundet. Noch in St. Emmeram zu Regensburg erscheint Wilhelm eines Nachts, wie er später dem Bischof Eppo von Worms erzählt, »ein Mann in der Blüte seiner Jahre in übermenschlicher Schönheit«. Er bietet ihm »mit heiterem Gesicht eine Handvoll herrlicher Trauben« an mit den Worten: »Nimm, mein geliebter Freund!« »Von der Außergewöhnlichkeit des Geschenkes und der Freundlichkeit des Mannes überrascht«, berichtet Wilhelm weiter, »blieb ich lange erstaunt und sprachlos. Worauf jener sagte: ›Ich möchte eine Schule aufbauen, der du, wie ich vor aller Zeit beschlossen, vorstehen sollst; wenn du sie zu meinem Wohlgefallen leitest, wirst du einen guten Lohn in der Ewigkeit empfangen. Zweifle nicht, Freund, wer dein Entlohner ist, der wird auch dein Helfer sein.‹ Als ich auf diese Worte hin erwachte, erwog ich das Vernommene lange bei mir und wiederholte es oft. Und nachdem durch das viele Grübeln mein Geist ermüdet war, nahm ich endlich Zuflucht in dem einzig sicheren Hafen der göttlichen Barmherzigkeit und vertraute alle meine Angelegenheit, so sehr ich es nur in meinem Innersten vermochte, Gott meinem Herrn an. Und siehe da, am selben Tag noch kommen unsere Brüder von hiesigem Kloster - Hirsau nämlich - und überreichen Briefe mit vielen Bitten. Mit Gewalt reißen sie mich aus der klösterlichen Ruhe, zwingen meine Wenigkeit mit Anrufungen des göttlichen Namens, damit ich ihre Forderungen nicht abschlage, ihnen künftig der Vorsteher zu sein. Nur wider Willen, bekenne ich, lud ich das Joch des Herrn auf mich, überwunden durch das einmütige Flehen.« Die Traumsymbolik des Berufungsberichts spricht für sich. Der Mann in übermenschlicher Schönheit, der Wilhelm entgegentritt, ist niemand anderes als Christus selbst. Die Trauben in seiner Hand bezeichnen nach der Rede des Neuen Testamentes vom Weinstock und den Reben (Joh 15,5) die Jünger Jesu. Nicht menschlicher Wille, sondern göttliche Fügung allein, ja ewige Auserwählung, will der Berufungsbericht hervorheben, haben Wilhelm nach Hirsau geführt.

Das Augenmerk war auf Wilhelm in St. Emmeram als Nachfolger Abt Friedrichs gefallen, weil er offenbar einigen Hirsauer Mönchen bereits bekannt war. Außerdem habe eine Äbtissin aus dem Ostalpenraum, aus der ehemaligen römischen Provinz Noricum, den Regensburger Mönch empfohlen. Schließlich mögen noch gewisse familiäre Beziehungen der Grafen von Calw bei Auffindung Wilhelms als eines möglichen geeigneten Kandidaten für den Abtstuhl von Hirsau eine Rolle gespielt haben. Immerhin gehörte Bischof Gebhard III. von Regensburg (1036-1060) zur Sippe der Hirsauer Ortsherren.

Gutgläubig folgte Wilhelm dem Ruf nach Hirsau. Am 28. Mai 1069 gelangte die Regensburger Gesandtschaft mit Wilhelm in Hirsau an. Nachdem der designierte Nachfolger Abt Friedrichs jedoch die Umstände, die Hintergründe und die Form der Amtsenthebung seines Vorgängers in Erfahrung gebracht hatte, wollte er auf der Stelle Hirsau wieder verlassen und in sein heimatliches Kloster zurückkehren. Nur das inständige Bitten der Brüder, sie in einer so schwierigen Lage nicht im Stich zu lassen, bewog ihn zur Bleibe. Er weigerte sich allerdings, solange Abt Friedrich am Leben war, dessen Stelle einzunehmen.

Wilhelm handelte damit konsequent nach den Grundsätzen, die künftig - nicht zuletzt auf sein Betreiben - in den Klöstern Gültigkeit besitzen sollten. Friedrich war vom weltlichen Klosterherrn aus dem Amt entfernt worden, in den Augen Wilhelms ein unrechtmäßiger Akt, ein unerlaubter Eingriff in die inneren Angelegenheiten einer Mönchsgemeinde. Um diesen Vorgang nicht noch im nachhinein abzusegnen und ihm den Schein der Rechtmäßigkeit zu verleihen, war Wilhelm nur bereit, die Stelle eines Priors zu bekleiden. Der

Prior übernimmt nach der Regel Benedikts die Stellvertretung des Abtes; er ist dessen Gehilfe in der Leitung des Konvents. Demonstrativ blieb außerdem der Sitz Friedrichs während dessen Abwesenheit auf Weisung des neuen Priors Wilhelm frei.

Erst nach Friedrichs Tod zeigte sich Wilhelm geneigt, sich zum Abt wählen zu lassen. Am Fest Christi Himmelfahrt, dem 2. Juni 1071, erteilte ihm der Bischof von Speyer, in dessen Diözese damals Hirsau lag, die Weihe. Feierlich wurde er im Beisein einer schier unübersehbaren Menge von Geistlichen und einfachem Volk »unter Vergießung vieler Tränen« auf den Stuhl des Abtes gesetzt.

Freiheit durch Verträge

Wilhelm war angetreten, das benediktinische Mönchtum zu erneuern. Dazu bedurfte es der Freiheit und der Unabhängigkeit des Klosters von äußerer Einmischung. Was sich damals im großen weltpolitischen Rahmen im Ringen zwischen Papst und Kaiser abspielte, das geschah im kleineren Maßstab zwischen dem Abt von Hirsau und dem gräflichen Ortsherrn. Wilhelm bat mehrfach Adalbert II. von Calw, die versprochene Freiheit vertraglich zuzusichern und dem Kloster die notwendige materielle Ausstattung zu übereignen. Adalbert wand sich und verschleppte die Abschlüsse. Wenn wir dem Chronisten Haimo von Hirsau Glauben schenken dürfen, dann täuschte der Graf sogar regelrecht den vertrauensseligen Abt Wilhelm. Er hatte ihn nämlich an den königlichen Hof, vermutlich nach Goslar, mitgenommen, um den Vertrag unter Dach und Fach zu kriegen. Allein die aufgesetzte Urkunde enthielt soviel Nebenbestimmungen, daß sie »der gräflichen Willkür jede Hintertüre offen ließ« (Moritz Kerker). Wilhelm, arglos wie er war, fiel auf den Trick des Grafen voll herein, als er nichts ahnend das mit dem königlichen Siegel bekräftigte Diplom entgegennahm. Er scheint die nach 1070 ausgestellte Königsurkunde gar nicht richtig gelesen oder ihren Inhalt in juristischem Sinne ganz erfaßt zu haben. Tatsächlich beläßt sie Hirsau weitgehend im Stand eines gräflichen Eigenklosters, und genau diese Rechtslage wollte Wilhelm ja geändert wissen. Erst Gräfin Wiltrudis habe ihn nach Jahren über den Betrug ihres Gemahls aufgeklärt.

Wilhelm tat nun, was ein Mönch tun konnte. Er betete inständig unter Tränen zu Gott, »daß er diesen Ort, den er zu leiten begonnen, von dem Joch weltlicher Gewalt befreien wolle«. Die nächsten Verträge, die Wilhelm für Hirsau abschloß, sollten es dann in sich haben. Im Jahre 1075 erlangte Wilhelm von König Heinrich IV. einen Vertrag mit Vorrechten, sogenannten Privilegien, durch die Hirsau Rechtsgeschichte machen sollte. Wilhelm erreichte tatsächlich die volle Freiheit des Klosters Hirsau für jetzt und alle folgenden Zeiten von weltlicher Gewalt. Das am 9. Oktober 1075 in Worms ausgestellte Dokument beginnt mit den Worten: »Im Namen der heiligen und ungeteilten Dreifaltigkeit, Heinrich, König von Gottes Gnaden«. Die dann folgenden entscheidenden Passagen des sogenannten »Hirsauer Formulars« lauten: »Insonderheit hat er (der Graf) jenen Ort Hirsau mit allen dazugehörigen Rechten, Gerechtigkeiten, Gütern, Leibeigenen, Zinsen, Einkünften oder was auch immer auf dem Altare des hl. Aurelius Gott dem Herrn, der hl. Maria, dem hl. Apostel Petrus, dem hl. Bischof Aurelius und dem hl. Benedikt in die Gewalt und zu Eigentum gegeben und zurückerstattet und dem Abt des erwähnten Klosters mit Namen Wilhelm und dessen Nachfolgern zur freien Verfügung (in dispositionem liberam) sowie den dort in der Zelle unter der Mönchsregel Gott dienenden Brüdern zur notwendigen Nutzung überlassen ... Weiterhin bestimmte er weise und setzte fest, daß dasselbe Kloster mit allem seinem Zubehör, welches ihm jetzt zusteht und künftig zukommt, von diesem Tag an und in der Folgezeit, niemals mehr dem Joch irgendeiner weltlichen Person oder Macht unterworfen oder unterstellt sein wird, sondern einzig nur der Herrschaft, der Weisung und der Gerichtsbarkeit des Abtes; und so hat er es mit dem Recht und dem Privileg der vollen Freiheit ausgestattet ...«

Damit hatte Hirsau seine Unabhängigkeit erlangt, welche zur wichtigsten Voraussetzung seiner freien Entfaltung wurde. Diese Freiheit und der Schutz vor weltlichem Eingriff wurde Vorbild für die übrigen von Hirsau ausgehenden oder sich dem Hirsauer Klosterverband anschließenden Abteien.

Daß Wilhelm einen so folgenreichen Vertrag eingeräumt bekam, bei dem noch von höchster weltlicher Stelle, dem König, die Selbständigkeit verbrieft wurde, mag damit zusammenhängen, daß Heinrich IV. seinen früheren Handlungsspielraum in Rechtssachen des Reiches und der Kirche weiter voll für sich nutzen wollte, um ihn schließlich in eigene Vorteile umzumünzen. Wilhelm wußte seinerseits, die Rivalitäten in der politischen Großwetterlage geschickt für sich und seine Sache in Anspruch zu nehmen. 1076 zog er über die Alpen und machte sich auf den Weg nach Rom, um eine gleichwertige Bestätigung der Rechte Hirsaus von Papst Gregor VII. zu erwirken.

Die Bedeutung von Wilhelms Aufenthalt in der ewigen Stadt können wir nicht hoch genug einschätzen. Der persönliche Kontakt, den er offenbar mit Papst Gregor VII. bekam, machte Wilhelm fortan zu einem der entschiedensten Verfechter der päpstlichen Partei. Andererseits stieg Wilhelms Ansehen in der Kurie, die nun ihrerseits klar erkannte, mit welcher Persönlichkeit sie es bei dem Hirsauer Klostervorstand zu tun hatte. Wilhelm wird später vom Chronisten der Ära Gregors VII., dem Augustiner-Chorherrn Paulus von Bernried (+ 1146/50), zusammen mit Bischof Altmann von Passau, dem Prior Odalrich von Cluny und Sigfried von der Zelle des hl. Erlösers in Schaffhausen zu den vier Säulen des Papsttums in Süddeutschland gezählt.

Die Vertragsverhandlungen in Rom schleppten sich allerdings dahin. Zum einen lag es an Wilhelm selbst, der schwer an Unterleibsbeschwerden, wie es hieß, erkrankte. Die Ärzte hätten ihn bereits aufgegeben, erfahren wir, da flehte er in seiner Not zur Gottesmutter und wurde geheilt. Zum anderen aber steuerte Ende des Jahres 1076 der Streit zwischen Papst und Kaiser durch gegenseitige Bannung und Absetzung der Hauptkontrahenten seinem Höhepunkt zu. Gregor VII. sah sich in der dramatisch zugespitzten Situation außerstande, Hirsau weitere Freiheiten zuzugestehen und dadurch möglicherweise seine künftige Position zu schwächen. Das päpstliche Privileg fiel daher gegenüber dem kaiserlichen inhaltlich zurück. Doch hatte nun Wilhelm die Selbständigkeit seines Klosters auf allen Seiten abgesichert.

In den Wirren des Bürgerkriegs

Für Hirsau wurde durch die unverhohlene Unterstützung der römischen Sache im Investiturstreit die Lage brenzlig. Die Mönche und ihr inzwischen aus Italien heimgekehrter Abt Wilhelm stellten sich unmißverständlich auf die Seite des Papstes. Eine deutliche Geste beschwor ein drohendes Verhängnis herauf. Die Hirsauer hatten den zum Gegenkönig gewählten Rudolf von Rheinfelden in ihren Klostermauern zu Gast. Das mußte als Demonstration für den Papst und gegen Heinrich IV. verstanden werden und wurde auch so aufgefaßt. Mit den Hirsauer Benediktinern feierte Rudolf das Pfingstfest. Heinrich, sichtlich erbost, erteilte Bischof Wernher von Straßburg, einem seiner Parteigänger und ein bekannter Kon-kubinarier (ein Bischof also, der sich nicht so genau an die für Geistliche geltenden Regeln der Keuschheit hielt) den Auftrag, Kloster Hirsau zu zerstören. Doch bevor es zur Ausführung kam, ereilte Bischof Wernher auf dem Anmarsch nach Hirsau Ende des Jahres in Pforzheim ein plötzlicher Tod. Wir dürfen den Chronisten Hirsaus getrost trauen, wenn sie erklären, daß der allseits auffällige Tod eines Widersachers des Schwarzwaldklosters die übrigen Feinde fortan abgehalten hat, einen weiteren Versuch der Ver-nichtung zu unternehmen. Das unerwartete Hinscheiden eines prominenten Gegners von Hirsau signalisierte, daß die Abtei unter einem besonderen Schutz stand.

Ort heiligen Schreckens

Die heute noch sichtbaren Spuren von Wilhelms Wirken lassen sich auf seine ab 1082 einsetzende Bautätigkeit zurückführen. Auf der Anhöhe des linken Nagoldufers begann er ein Kloster in gewaltigen Ausmaßen zu planen und auszuführen. Das alte Aurelius-Kloster, nahe dem Flußlauf gelegen, war bereits vor der Zeit Wilhelms errichtet und wiederhergestellt worden. Für die rasch wachsende Mönchsgemeinde wurde es schnell zu klein. Von daher schon war eine Erweiterung oder ein Neubau nötig. Wilhelm entschied sich für den Neubau unter Beibehaltung des alten Klosters. Die neue Anlage wurde an günstigerer Stelle, geschützt gegen das Hochwasser der Nagold, unweit von St. Aurelius geplant. Der Bau und seine Ausstattung begründen wegweisend den sogenannten »Hirsauer Baustil«, wie er nach der Zerstörung der Hirsauer Gebäude durch die brandschatzenden Truppen des französischen Generals Ezéchiel Mélac im Jahre 1692 wenigstens noch in einigen Beispielen studiert werden kann - außer an den in Hirsau vorhandenen Ruinen vor allem in Alpirsbach und in der ehemaligen Abteikirche des Klosters Allerheiligen im schweizerischen Schaffhausen. Die erhaltenen Reste einbeziehend wurde Klosterreichenbach seinem Hirsauer Ursprung entsprechend rekonstruiert.

Entwurf und Ausführung der neuen Klosterkirche in Hirsau rechneten mit außerordentlichen Dimensionen. Es entstand eine langgestreckte Säulenbasilika. Sie maß unter Einbezug der Vorhalle annähernd hundert Meter, exakt 97 m, in der Länge. Im Osten kreuzte ein geräumiges Querschiff. Dort und in der Vierung, am Schnittpunkt von Längs- und Querschiff, befand sich der Platz für den Mönchschor. Auf dem Höhepunkt der Hirsauer Bewegung mußte er 150 Patres aufnehmen können.

Ins Auge springt heute noch bei der Betrachtung der Ruine das für die damalige Zeit ungewöhnlich lange Westschiff. Hier konnten sich die Laien und das Volk versammeln, um den Gottesdiensten beizuwohnen. Daß ihnen in einer reinen Mönchskirche so viel Raum zur Verfügung gestellt wird, betont vom Architektonischen her die Bedeutung, welche der Laienbewegung beigemessen wurde. Denn Hirsaus Gottesmänner lebten in harter Askese nur vordergründig für sich. Sie strebten vielmehr danach, auf ihre Umgebung zu wirken mit dem Ziel, das Christentum tief in der Bevölkerung zu verankern. Ihrem Leben und ihrem Gottesdienst eignete ein missionarischer Zug. Diesem Zweck dienten neben dem schier nicht abbrechenden Lobpreis Gottes die Liturgie, die prachtvoll begangenen kirchlichen Feste.

Die intensive Pflege des Prozessionswesens sorgte für vielfältige liturgische Abwechslung. Darum bedurfte es einer geräumigen Vorhalle, »Paradies« oder »vestibulum« (Vestibül) genannt, wie es noch deutlich an den Hirsauer Resten bei den beiden Westtürmen abgelesen werden kann. Dort stellten sich die Prozessionen auf, die zumeist innerhalb des Gotteshauses stattfanden. Außer den Mönchen ging eine große, oft 30 Personen zählende Schar von Meßdienern mit, die Kreuze, Fahnen, liturgische Bücher oder Behälter mit Reliquien trugen.

Die Wirkung von Wilhelms Hirsauer Münsterbau muß ungeheuer gewesen sein, damals der größte Kirchenbau Deutschlands. Nur Cluny übertraf ihn beinahe um das Doppelte. Zweifelsfrei kam von dort die Idee für die Anlage. Wir machen uns heute kaum mehr eine rechte Vorstellung davon, wie sehr solche Bauwerke die damaligen Menschen erschütterten. Die Besucher Hirsaus, vor allem die einfachen Leute, hausten in niederen schwarzverrußten Katen mit geflochtenen, Lehm verschmierten Wänden unter strohgedecktem Dach oder allenfalls in einer Holzhütte. Die Weite und die Höhe dieser erhabenen Steinbauten wühlten sie auf. Ein heiliger Schrecken mag sie erfüllt haben. »Wie furchterregend ist doch dieser Ort! Hier ist nichts anderes als das Haus Gottes und das Tor des Himmels«, ruft Jakob im Alten Testament aus (Gen 28,18). Die Sätze gehören traditionell zur Liturgie der Kirchweihe. Worte, die auch die Bischöfe Gebhard von Konstanz und Adalbert von Worms bei der Konsekration des Baus gesprochen haben dürften.

Bevor jedoch das Münster am 2. Mai 1091 seiner wahren Bestimmung zugeführt wurde, gab Wilhelm von Hirsau allen Armen der Umgebung ein Freuden- und Liebesmahl. Vom Hochaltar im Osten bis zur Schwelle des Eingangs im Westen reichten die Tische. Wilhelm selbst bediente die Gäste.

Der Kirchenpolitiker

Wilhelm mischte in der Öffentlichkeit mit. Er zog sich nicht in die Beschaulichkeit der Klausur, in den von der Welt abgeschotteten Klosterbezirk zurück. Er griff aktiv in die Tages- und Weltpolitik ein, indem er die Gegenkönige Heinrichs IV. unterstützte. Sowohl Rudolf von Rheinfelden als auch Hermann von Salm bedachte er mit

Wohlwollen. Andererseits rechnete Papst Gregor VII. mit Wilhelms Einsatz, wie ein apostolisches Schreiben belegt. Es wird eröffnet mit den Worten: »Gregor, Bischof, Knecht der Knechte Gottes, dem geliebten Bruder und Mitbischof Altmann von Passau sowie dem ehrwürdigen Abt Wilhelm von Hirsau Gruß und apostolischen Segen«. Die Berater Gregors, so der Inhalt des Briefes, befürchteten nach dem Tode Rudolfs von Rheinfelden im Jahre 1080 einen Italienfeldzug Heinrichs IV. Gregor mobilisierte nun seine Getreuen und stimmte sie ein auf einen möglicherweise lang andauernden Kampf: »Dennoch scheint es uns rühmlicher zu sein, eine lange Zeit für die Freiheit der Kirche zu kämpfen«, erklärte der Papst, »als einer elenden und teuflischen Knechtschaft zu unterliegen. Denn es kämpfen die Elenden, das sind des Teufels Glieder, eigentlich nur darum, daß sie unter des Teufels elende Knechtschaft gelangen. Die Glieder Christi hingegen darum, diese Elenden zur christlichen Freiheit zurückzuführen.«

Wilhelms Haltung tritt besonders klar hervor in einem eigenen Brief an den Gegenkönig Hermann von Salm. Er ist adressiert: »Dem siegreichen König Hermann, dem Befestiger der unüberwindlichen heiligen Kirche des Herrn, der Sünder und Hirsauer Abt mit seinen inneren und äußeren Brüdern die unablässig flehenden Gebete gewidmet«. Wilhelm ermahnt ihn dann eindringlich, »die von Ewigkeit zu Ewigkeit verdammte Sünde der Simonie«, des käuflichen Erwerbs kirchlicher Positionen, »auszurotten«. Er fordert ihn außerdem auf, der grassierenden Unzucht unter den Geistlichen zu wehren: »Denn diejenigen, welche leuchten sollten, wie die Sterne am Himmel, als helltönende Prediger der Wahrheit, haben sich gröbster Unzucht hingegeben und sind laut schreiende Lehrer gänzlicher Verkehrtheit (doctores totius perversitatis) geworden.« Abschaffung der Simonie und strikte Einführung des Zölibats, der Ehelosigkeit der Priester, so heißen neben dem Brennpunkt Laieninvestitur die Hauptthemen der Kirchenpolitik, für die sich Wilhelm von seinem Standplatz aus stark machte.

Vater der Armen - Hirsaus Kultur des Teilens

Klöster stellten in der damaligen politischen Landschaft einen Machtfaktor dar, Hirsau zuvörderst. Doch es hieße die geistliche und die soziale Dimension der Abtei Wilhelms völlig zu verkennen, würde sie einzig aus dieser Perspektive betrachtet. In bewegenden, zu Herzen gehenden kleinen Erzählungen und Legenden wird immer wieder Wilhelms verschwenderisch großzügige Hingabe an die Armen in den Vordergrund gerückt. In den damaligen Zeiten drängender wirtschaftlicher Not entfaltete Hirsau eine Kultur des Teilens. Zu den festen Einrichtungen, die Wilhelm in seinen Klöstern ins Leben rief, gehörte modern gesprochen eine Sozialstation, ein »Armenhaus«, in dem die Notleidenden und Bedürftigen gepflegt und verköstigt wurden.

Wilhelm zeichnete sich dabei selbst durch größte Bescheidenheit aus. Golddurchwirkte Meßgewänder lehnte er ab. Er haßte die Sitte, den Äbten Hände und Füße zu küssen. Um seinen Verzicht auf jeden Luxus nach außen sichtbar werden zu lassen, bediente er sich auf Reisen statt eines Pferdes lieber eines Esels oder eines Maulesels. Hier bricht ein Zeichen der Nachfolge Christi durch, bekanntlich ist der Messias ebenfalls auf einer Eselsstute in Jerusalem eingeritten. Wurden dem Abt außergewöhnliche Speisen aufgetischt, so fragte er zuerst, ob auch die Brüder die gleiche Mahlzeit erhielten. Wurde die Frage bejaht, kostete er nur ein wenig, um die Speise dann den Kranken zu schicken. Den Erlös eines kostbaren Bettes, das ihm ein anderer Abt gesandt hatte, ließ er unter die Armen verteilen.

Das Wohlfahrtswesen des Klosters Hirsau, dafür sorgte die Verfassung Wilhelms, war gut ausgebaut. Von allen Einkünften der Abtei mußte dem Verwalter des Armenkastens im Kloster, dem »eleemosynarius« der zehnte Teil abgetreten werden. Nicht nur Öl, Wein, Getreide, Gemüse, Obst, Fleisch und Kleidung, auch von den Schenkungen in Gold und Silber, schließlich noch der zehnte Teil aller im Kloster selbst produzierten Dinge, gehörten Wilhelms Willen zufolge den Bedürftigen.

Wilhelm besuchte persönlich die Insassen des Hirsauer Armenhauses und der Krankenstation, in der die Gebrechlichen aus den umliegenden Weilern, Dörfern und Höfen gepflegt wurden. Wenn er nichts anderes hatte, verschenkte er den Bettlern seine eigene Kleidung. Dem Beispiel des heiligen Martin nacheifernd habe Wilhelm von Hirsau bei einer Reise nach Bayern in strenger Winterkälte seinen Mantel für einen Hilfesuchenden halbiert. Als Wilhelm sich ein andermal ebenfalls zu einer Reise anschickte, traf er nicht weit von seinem Kloster entfernt ein Ehepaar mit elf Kindern, die ihn um Brot anflehten. Wilhelm ließ anhalten und forderte die ihn begleitenden Brüder auf, die Proviantbrote herauszuholen. Sie taten es nur unwillig, weil für sie selbst die Mahlzeit schon karg bemessen war. Wilhelm setzte sich mit der Familie des Armen und mit seinen Gefährten, um die bescheidene Mahlzeit gemeinsam einzunehmen. Doch kamen noch mehr Arme des Weges, die alle baten, mitessen zu dürfen. Wilhelm wies keinen von ihnen ab, wobei er sagte: »Fünf Brote reichten einst, solange sie ungeteilt waren, zu nirgends hin; als sie aber der Herr brach und verteilte, da wurden sie vermehrt und nährten viele.« Darin liegt das Wunderbare im Teilen, daß das zu Teilende im Teilen wächst. In Hirsau fiel nach den Vorschriften keine Brotkrume achtlos unter den Tisch. Wiederum nach dem Vorbild des Wunders der Brotvermehrung (Mt 14,20) wurden alle Reste und Krümel eingesammelt und ins Armenhaus getragen.

Hirsaus Verfassung

Wie ein Mönch geht, steht, sitzt, liegt, alles war geregelt. Es war festgelegt, welches Schuhwerk er zu welcher Zeit trägt, wie oft er sich rasiert, wie er sich wäscht und wie häufig er badet - ohne besondere Erlaubnis zweimal im Jahr, vor Weihnachten und vor Ostern. Sogar bis in den Sprachgebrauch hinein reichten die strengen Vorschriften. Ein Neuling im Kloster von Hirsau mußte sich abgewöhnen, »ich« und »mein« zu sagen, stattdessen hatte er nur noch die Wörter »wir« und »unser« zu setzen, allerdings mit zwei Ausnahmen. Wenn er von seinen Eltern redete und wenn er seine Sünden und Vergehen bekannte, blieb es bei der ersten Person Einzahl. Noch die letzten denkbaren Einzelheiten des Lebens in einer großen Gemeinschaft von Mönchen, in einer »Kommune«, wo niemand persönlich etwas besitzt, sondern alle »alles gemeinsam« haben nach den Worten der Apostelgeschichte, wurden von Wilhelm von Hirsau geordnet. Sie »bildeten eine Gemeinschaft«, heißt es von den ersten Christen, »und hatten alles gemeinsam. Sie verkauften Hab und Gut und gaben allen davon, jedem soviel, wie er nötig hatte. Tag für Tag verharrten sie im Tempel, brachen in ihren Häusern das Brot und hielten miteinander Mahl in Freude und Einfalt des Herzens ... Und der Herr fügte täglich ihrer Gemeinschaft die hinzu, die gerettet werden sollten« (Apg 2,44-47). Diese Beschreibung des wahren apostolischen Lebens in gemeinsamer Freude und Gütergemeinschaft bietet das Urbild allen Mönchtums. Wilhelm wußte jedoch aus eigener Anschauung und eigenem Erleben, wie aus dem geschichtlichen Rückblick, daß dies hohe Ziel nur schwer zu realisieren ist. Die menschlichen Schwächen wie Neid, Mißgunst, Habgier, Eigensinn, Geltungsbedürfnis, Eifersucht, Trägheit taten allein schon das ihrige, daß der Abstand der

Wirklichkeit zum Ideal sich eher vergrößerte als verringerte. Wilhelms »Constitutiones Hirsaugiensis«, die Hirsauer Klosterverfassung oder die Hirsauer Gepflogenheiten, wollen daher letztlich nichts anderes als Hilfestellung leisten bei der Umsetzung der gestellten Ansprüche in die Praxis. Daher sind sie so umfangreich. Wilhelm weiß offenbar, daß der Teufel im Detail steckt, daß die Streitigkeiten unter Menschen besonders dann leicht aufkommen, wenn ungeklärte und ungeregelte Situationen auftreten.

Wilhelms eigene Lebenserfahrung im Kloster seit seinen Kinderjahren ist in die Hirsauer Bestimmungen eingegangen, sagt er in der Einleitung zu den »Constitutiones«, wenn er an seine Zeit in Regensburg erinnert mit den Worten, »was ich vom Knabenalter an im Kloster St. Emmeram an Gepflogenheiten eines Lebens gemäß der Regel gelernt hatte.« Er kennt die Gefahren, die allmählich die monastische Strenge aufweichen und will ihnen mit seinen ausgefeilten Statuten entgegensteuern. Doch sollte einem möglichen Mißverständnis vorgebeugt werden: Die Hirsauer Klosterverfassung versteht sich nicht als neue Ordensregel, vielmehr will sie als Ausführungsbestimmung zur Regel des heiligen Benedikt begriffen werden. Letztere ist gewissermaßen das Grundgesetz, dem Wilhelm von Hirsau Geltung verschaffen möchte.

Kleid der Engel

Wer anders sein will, grenzt sich nach außen ab, zeigt es beispielsweise in der Kleidung oder in der Haartracht. Die Hirsauer trugen eine größere Tonsur als die übrigen Geistlichen und Mönche. »Tonsur« bezeichnet die im allgemeinen kreisförmige - es gibt auch noch andere Formen - Kopfrasur der Kleriker, die nur einen Haarkranz stehen läßt. Schon im außer- und vorchristlichen Bereich dient die Schur des Haupthaares als Zeichen der Trauer, der Buße, der Weihe, der Hingabe an Gott. Papst Gregor der Große (+ 604) hatte die Tonsur verbindlich für alle eingeführt, die im geistlichen Stand der Kirche dienten. Mit einer weiten Tonsur wird also das besondere Opfer sichtbar gemacht und der entschiedene Wille zu einem strengen Lebenswandel. Bei den Hirsauern symbolisierte die Tonsur überdies Christi Dornenkrone. Die Hirsauer trugen außerdem eine Tracht, die sie von den herkömmlichen Mönchen unterschied. Den Gegensatz herauszuheben, war Wilhelms ausdrückliche Absicht. Das Gewand der Hirsauer bestand aus einem weiten Umhang als Obergewand, »Froccus« genannt. Darunter hatten sie das »Skapulier« angelegt, einen über Brust und Rücken bis nahe an die Knöchel fallenden Tuchstreifen mit einer Halsöffnung und einer Kapuze. Es ist das eigentliche Arbeitskleid der Mönche. Direkt auf dem Leib trugen sie ein wollenes langes Hemd, welches ein Lederriemen in Höhe der Hüften zusammenhielt. Am Gürtel war das für das Essen benötigte Messer befestigt, zudem Nadel und Faden. Beine und Unterleib steckten in Hosen, die Füße in Strümpfen. Im Winter wärmte man sich zusätzlich durch ein Schaffell unter dem Froccus. »Kleid der Engel« hieß ihr Habit bei Hirsauern und im Volksmund.

Vorbild Cluny

Die Änderung und Anpassung von Mönchskutte und Tonsur an die Formen der streng wandelnden Mönche empfahl schon Abt Bernhard aus dem Kloster St. Viktor in Marseille bei seinem fast ganzjährigen Zwangsaufenthalt in Hirsau. Abt Bernhard reiste als päpstlicher Legat im Jahre 1077, der heißen Phase des Investiturstreites in Deutschland. Anhänger Heinrichs IV. und Gegner Papst Gregors VII. hatten ihn gefangengenommen und in Haft gehalten. Erst auf persönliches Eingreifen des Abtes Hugo von Cluny bei Heinrich IV. wurde Bernhard freigelassen. Bloßgestellt und ohne ausreichende Mittel suchte er den damals sichersten Ort für Vertreter des Papsttums auf und wandte sich nach Hirsau. Die Vorrede von Wilhelms Hirsauer Verfassung enthält ein kleines Zwiegespräch zwischen den beiden Äbten. Bernhard beginnt den Dialog: »Wie ich sehe, ist dieser Ort äußerst günstig für die mönchische Lebensweise, und die Brüder selbst brennen gleichsam in ihrem glühenden Eifer für eine gerechte und heiligmäßige Lebensform.

Daher wollte ich gerne wissen, welche Lehrmeister ihr gehabt habt bei euerer Ordnung, besonders von welchem Kloster ihr euere Bräuche, übernommen habt.« Wilhelm erwiderte, daß es ihr Grundsatz sei, alle echten Ordensleute nachzuahmen, wenn Bernhard jedoch bei ihnen Abirrungen entdecke, dann bitte er, sie auf den rechten Weg zurückzuführen. Abt Bernhard bringt eine einzige Vorhaltung, er bemängelt die isolierte Situation Hirsaus und empfiehlt Wilhelm den Anschluß des Klosters an andere, »die die Mönchsregel im Streben nach Vollkommenheit beobachten«. »Unter allen Klöstern diesseits der Alpen, wenn ihr meinem Satz Glauben schenken wollt, bin ich überzeugt, sei am ehesten Cluny auszuwählen, wo durch das Beispiel vollkommenster Mönche und durch die Bewährung in der Zeit das Mönchsleben zur höchsten Blüte gelangt ist.«

Diese im Vorspann zu den eigentlichen Hirsauer Gepflogenheiten wiedergegebene Unterhaltung gibt die Begründung für die Ausrichtung Hirsaus an Cluny. Unterstützt wird Wilhelms Vorhaben durch den Besuch seines alten Jugendfreundes aus den Tagen in St. Emmeram, durch Ulrich von Zell, der wenig später nach Bernhard von Marseille in Hirsau weilt. Ihn bittet Wilhelm um schriftliche Fixierung der cluniazensischen Tradition. Dessen Aufzeichnungen dienten Wilhelm als Orientierung. Obwohl sich also die Hirsauer Verfassung an das Vorbild und die Gepflogenheiten von Cluny anlehnt, darf Wilhelms eigene Leistung nicht unterschätzt werden. In vieler Hinsicht sind die »Constitutiones Hirsaugiensis« allein Wilhelms Werk, womit er sich einen bleibenden Platz in der Geschichte des abendländischen Mönchtums gesichert hat.

Gottesdienst und Alltag

Das Leben eines Mönches ist ein einziger Gottesdienst. Der ganze Tagesablauf und -rhythmus ist gegliedert durch die Gebetszeiten und die Meßfeiern. Da dies das wesentliche Moment des Mönchsdaseins überhaupt ausmacht, nimmt es auch entsprechend breiten Raum in der Hirsauer Verfassung ein.

Wilhelm legt außerordentlich starkes Gewicht auf die Sorgfalt und die Andacht, mit der das heilige Meßopfer gefeiert werden soll. Eines der längsten Kapitel der Hirsauer Verfassung handelt davon (I cap. 84). Die Meßfeier, in der nach Christi Auftrag seines Leidens und Sterbens gedacht wird, bildet die Mitte eines jeden Tages. Zur feierlichen Zelebration war nicht jeder Priester zugelassen. Wenn auswärtige Geistliche im Kloster Aufnahme gefunden hatten, mußten sie sich erst lange mit den Hirsauer Riten durch genaues Beobachten vertraut machen, bevor sie selbst als Zelebranten eingeteilt wurden. Der Zug zur Erhabenheit in der Feier des Gottesdienstes, der liturgische Reichtum, den Hirsau pflegte, war es denn auch, der zahllose Besucher anzog und schließlich häufig selbst bewegte, an der Pforte um Einlaß zu bitten.

Der Tag eines Hirsauer Mönchs begann kurz nach Mitternacht, um 0 Uhr 30, wenn die Glocke zur Vigil oder zur Nokturn rief, wie die nächtlichen Gebetszeiten bezeichnet werden. »Wachet und betet, damit ihr nicht in Versuchung geratet« (Mt 26,41), steht im Hintergrund. Gegen halb drei Uhr morgens durfte man sich noch einmal zur Ruhe begeben. Um 4 Uhr folgte die Matutin, das Morgengebet, von 4 Uhr 30 bis zum Aufstehen um 5 Uhr 45 wieder Bettruhe. Um 6 Uhr versammelten sich die Mönche zur Gebetszeit der Prim, worauf sie sich im Kapitelssaal trafen. Hier wurden die täglichen Aufgaben verteilt. 7 Uhr 30 war Morgenmesse, um 9 Uhr die Gebetszeit der Terz. Der Rest des Vormittags galt der Arbeit, bis um 11 Uhr 30 die Glocke die Sext ankündigte, das Mittagsgebet. Genau zur Mittagszeit wurde die gemeinsame Mahlzeit eingenommen, die anschließende Spanne bis 14 Uhr war der Ruhe vorbehalten. Der Tageslauf fand seine Fortsetzung mit der Non um 14 Uhr. Das Gebet ging dann in Arbeit über bis 16 Uhr 30, wenn die feierliche Vesper, das Abendgebet, angesagt war. Außer in Fastenzeiten wie vor Ostern oder im Advent und noch einigen Tagen und Wochen mehr wurde dann um 17 Uhr 30 das Abendessen gereicht. Der Tag schloß um 18 Uhr mit der Komplet, dem Nachtgebet. Kurz vor 19 Uhr zogen sich die Mönche in ihre Zellen zurück. Grundsätzlich gab es im Sommer, wenn auch schwerer körperlich gearbeitet wurde, zwei Mahlzeiten, im Winter hingegen nur eine.

Die Ernährung bestand aus verschiedenen Arten von Brot, aus Hülsenfrüchten, wobei Bohnen zu den wichtigsten Gerichten zählten, aus Milch, Eiern, je nach Jahreszeit Obst und Gemüse, alle Arten von Fischen, gelegentlich Wildbret, aber auch Rind- und Schweinefleisch. Man scheint auch nicht Pferd, Esel und Maulesel verschmäht zu haben.

Welt des Schweigens

Wer ins Kloster ging, trat in eine Welt des Schweigens ein. »Bei vielem Reden entgehst du der Sünde nicht« (Spr 10,19) und »Tod und Leben sind in der Gewalt der Zunge« (Spr 18,21), zitiert der Mönchsvater Benedikt in seinem Kapitel über die Schweigsamkeit die Heilige Schrift. Von Worten so wenig wie möglich Gebrauch zu machen, gebietet die allgemein verbindliche Regel. Strenges Stillschweigen hatte zu herrschen beim Aufenthalt in der Kirche, im Refektorium, dem Speisesaal, und im Dormitorium, dem Schlafbereich. Während der Mahlzeiten im Refektorium las einer der Mönche vor. Darum mußte für Ruhe gesorgt werden. Wilhelm von Hirsau nahm es mit dem Stillschweigen sehr ernst. In Anlehnung an Cluny entwickelte er eine Zeichensprache, die jeder Mönch beherrschen mußte. Die cluniazensischen Gepflogenheiten des ausgehenden 11. Jahrhunderts führen insgesamt rund 100 Zeichen zur Verständigung auf. Die Liste Wilhelms in der Hirsauer Verfassung umfaßt 359 Stichwörter. »Hören« bedeutet beispielsweise, den Zeigefinger an das Ohr zu legen. Wurde der Daumen zum Ohr geführt und die zur Faust geschlossene Hand auf und zu geklappt, war ein Esel gemeint. Ähnlich der heutigen Taubstummensprache konnte man mit dem Hirsauer System in ganzen Sätzen reden.

»Das Stillschweigen«, erfahren wir nachträglich von Johannes Trithemius, »der ständige Begleiter des Friedens und der Ruhe im Kloster, wurde so streng eingehalten, daß man unter einer so großen Anzahl von Menschen außer dem Geräusch, das die Werkzeuge der Handwerker verursachten, im ganzen Kloster keinen Laut zu hören bekam, außer wenn das Lob Gottes gesungen wurde.«

Das geübte Stillschweigen, wobei es natürlich auch Zeiten des Sprechens gab, verlieh der Atmosphäre des Klosters den Ausdruck hoher Konzentration und des Gesammeltseins. Was dort geschah, hatte mit dem geschwätzigen Getriebe der Welt nichts mehr gemein. Neben der Furcht vor möglicher Sünde ruht im Schweigen noch ein anderer tieferer Sinn. Das Schweigen ist die rechte Art, um Gott zu begegnen. »Alle Welt schweige in seiner Gegenwart«, lesen wir beim Propheten Habakuk (Hab 2,20). Schließlich wohnt Gott im Schweigen und spricht in der Stille. In der Stille allein werden Gottes Geheimnisse kund, überliefert die abendländische Spiritualität.

Zucht und Ordnung

Ein Hirsauer Kloster wurde in den Vorstellungen Wilhelms straff geführt. Nicht die geringste Abweichung, nicht der kleinste Verstoß gegen die Regel Benedikts und gegen die Hirsauer Gepflogenheiten wurden achtlos hingenommen. Alles kam zur Sprache und wurde auch geahndet. In den Kapitelssitzungen trat jeder einzelne Bruder vor und bezichtigte sich zunächst selbst der eigenen Sünden und Nachlässigkeiten. Darauf warteten die Mitbrüder mit ihren Vorwürfen auf, bevor die Strafe festgesetzt wurde. Oft wurde einem Missetäter die Kutte vom Leib gerissen, um ihn mit Ruten zu geißeln. Schlagen und Prügeln zählte zu den allgemein anerkannten, nicht hinterfragten Mitteln, um für Disziplin zu sorgen.

Mit kleinen Geißeln züchtigten sich außerdem die Mönche selbst in ihrer Zelle oder vor den Altären im Oratorium des Münsters. Sie schlugen sich dabei mit leichten Schlägen immer wieder auf den entblößten Rücken. Die Prozedur wurde oft solange fortgesetzt, bis die gereizte Hautstelle aufplatzte und das Blut heruntertroff.

Damit Zucht und Ordnung eingehalten wurden, gingen sogenannte »circatores«, »Umläufer«, durch das Kloster und beäugten das Tun ihrer Mitbrüder. Regel- und Disziplinverstöße meldeten sie. Allerdings durften sie nicht in die Gespräche der Mönche hineinlauschen. Hier herrschte ein Tabu, hier hatte die Bespitzelung ihre Grenzen. Besonderes Mißtrauen wurde Mönchen aus anderen

Klöstern entgegengebracht, die in Hirsau um Aufnahme gebeten hatten. Wilhelm wußte aus Erfahrung, daß Leute, die in weniger strengen Konventen aufgewachsen waren, eine Gefahr darstellten. Denn von ihnen kam meist das Argument und die Frage, weshalb eine Sache hier so gehandhabt würde, während sie anderswo anders angegangen werde. Dadurch wurde die bestehende Ordnung in Frage gestellt. Neuankömmlinge aus fremden Konventen wurden daher einer gründlichen Umschulung unterzogen. Hart bestraft wurde Auflehnung, die »Rebellion«, um den lateinischen Begriff zu verwenden, den die Hirsauer Verfassung gebraucht. Rebellen wurden in den Kerker geworfen. Dieser war ein Raum »ohne Tür und Fenster«. Man mußte zu ihm hinabsteigen. Offensichtlich handelte es sich um ein Loch, in das, wie bei mittelalterlichen Gefängnissen häufig, der arme Sünder über einen Strick oder eine Leiter hinabgelassen wurde oder hinuntersteigen mußte. Anschließend wurden Strick oder Leiter wieder hochgehievt.

Das Kloster, wie von Benedikt von Nursia bereits entworfen, wie in den Formen von Cluny und Hirsau in ihren Satzungen beschrieben, war nicht nur eine Welt des Schweigens, es war auch eine Welt des Gehorsams. Wenn uns vieles, besonders der leichte Griff zur körperlichen Züchtigung, heute hart, ja schier unerträglich erscheinen mag, dann enthüllt sich darin nur eine gewandelte Sicht des Menschen. Ohne Körperstrafen verteidigen zu wollen, galten sie bis tief ins 20. Jahrhundert hinein als notwendig und angebracht. Worin aber die Spätantike oder das Mittelalter ihre Berechtigung erblickten, war in einer Lehre vom Menschen, die diesen als schwach, als gefährdet wahrnahm. Der Mensch besitzt in sich eine Schwerkraft hin zum Bösen, eine Tendenz, der er kaum von sich aus gewachsen ist. Die Zucht und die Ordnungsstruktur des Klosters gibt ihm den Rahmen, innerhalb dessen er seine guten Anlagen entfalten kann. Sie dienen als Leiter zum Aufstieg zu Gott. Zum Glück aber, lautete die Überzeugung, muß man - leider - gezwungen werden.

Eine Schilderung des Nachgeborenen Johannes Trithemius vermag, die harten Konturen, die uns das Thema Zucht und Ordnung entgegenwirft, nachhaltig zu mildern und versöhnlich stimmen.

Daß das Kloster eben kein Zuchthaus ist, sondern eine Gemeinschaft, die auf Freiwilligkeit und in gegenseitiger Zuneigung
und Liebe gründet, stellt der Abt aus der Zeit des ausgehenden
Mittelalters eindringlich dar. Er kann sich dabei durchaus auf
zeitgenössische Äußerungen berufen. In Hirsau zur Zeit Wilhelms,
»da glühten alle von innigster Liebe zu Gott und waren
untereinander selbst wieder durch die Bande innigster Liebe
vereinigt. Da gab es keine verderblichen Wirren, kein unruhiger
Geist vermochte die auf gegenseitige Einigkeit gebaute Ruhe zu
stören.«

Die Bärtigen

Gemäß dem benediktinischen »ora et labora«, dem »bete und
arbeite«, war körperliche Arbeit für alle Mönche verpflichtend. Die
täglichen Gebetszeiten freilich nahmen die Mönche in einem Maße
in Anspruch, füllten in einer Weise den Tageslauf, daß für die
Verrichtung der notwendigen Tätigkeiten, der Arbeit auf dem Feld,
im Wald und in den Werkstätten nicht genügend Zeit blieb. Wilhelm
von Hirsau schuf daher eine neue zum Kloster gehörige Gruppe, die
sogenannten »Konversen«, genauer, er führte sie nach dem Beispiel
Clunys in Deutschland ein. Ein »conversus« ist wortwörtlich genommen ein Bekehrter, einer, der seinem Leben eine neue Wende
gegeben hat. Unter den Konversen versteht Wilhelm und versteht
man in der Folge Laienmönche. Sie waren von der Reihe der
täglichen Gottesdienste, an denen die gebildeteren Priestermönche
teilnahmen, befreit, um all jene Arbeiten zu leisten, deren das
Kloster zum täglichen Leben bedurfte. Unter den Konversen begegnen wir den Adeligen, über die Bernold von Konstanz schrieb, daß
sie nunmehr in Bäckerei und Küche dienen. Ein Kloster war
überdies ein in sich geschlossener wirtschaftlicher Kosmos. Alles,
was man brauchte, wurde selbst hergestellt. Man aß die Früchte und
verzehrte die Ernte, die man selbst gesät hatte. Baute mit Holz aus
eigenem Forst und mit Steinen, welche in den eigenen Steinbrüchen
gebrochen worden waren. Es gab eine Mühle, einen Weinkeller,

eine Brauerei, eine Schusterei, eine Schneiderei. Man gewann und verarbeitete Hanf und Schafswolle, schrieb die Bücher auf Pergament, das aus eigenen Tierhäuten hergestellt worden war. Die Konversen waren es, die das Kloster als Wirtschaftsbetrieb am Laufen hielten. Zu Wilhelms Zeiten standen den 150 Priestermönchen 60 Konversen gegenüber, außerdem 50 Oblaten, Menschen, die ihre Habe dem Kloster übergeben hatten und nun bei tätiger Mithilfe vom Kloster versorgt wurden. Die Konversen waren leicht kenntlich. Sie durften Vollbärte tragen, weshalb sie »fratres barbati«, »bärtige Brüder«, gerufen wurden.

Die Bücher

»Claustrum sine armario quasi castrum sine armentario«, lautet ein mittelalterlicher Spruch. »Ein Kloster ohne Bibliothek gleicht einer Burg ohne Waffenkammer.« Die Klöster waren die Horte der Bildung und des Wissens. Daß auf das Buch- und Schreibwesen ein Gelehrter vom Rang Wilhelms von Hirsau ein besonderes Augenmerk warf, ist geradezu naheliegend, wenn nicht selbstverständlich. Das Klosterwesen basiert ohnehin auf einer Kultur des Buches. Bücher wie die Heilige Schrift oder die Regel Benedikts bilden die Grundlage des klösterlichen Daseins überhaupt. Hinzu kommen die zahlreichen Gebetbücher für das Stundengebet der Mönche, die liturgischen Werke. Lektionare, mit den jeweiligen Ausschnitten aus dem Evangelium, die während des Gottesdienstes vorgetragen wurden, Antiphonare, mit den sich wiederholenden Einleitungs- und Schlußstücken beim Psalmgesang.

Die Schreibstube, das »scriptorium«, stellte nach dem Entwurf Wilhelms ein kleines Kloster im Kloster dar. Darauf läßt schon die Zahl der dort beschäftigten zwölf Schreiber schließen, die unter der Anweisung des »armarius«, des Bibliothekars, arbeiteten. Das Bücherschreiben und die Buchgestaltung galt als entsagungsvolle, asketische Tätigkeit. Die Buchproduktion Hirsaus zur Zeit Wilhelms muß gewaltig gewesen sein. Allein bis die große Menge der Mönche mit den notwendigen liturgischen Büchern ausgestattet war, dürfte für Hochbetrieb gesorgt haben. Ebenso wurden die Neugründungen vom Mutterkloster aus bestückt.

Trotz einer anzunehmenden gewaltigen Buchproduktion in Hirsau, blieb von den Bibliotheksbeständen des Schwarzwaldklosters mit wenigen Ausnahmen fast nichts erhalten. Die Bayerische Staatsbibliothek in München verwahrt eine aus Hirsau stammende Monumentalbibel. Das Buch wurde jedoch nicht in Hirsau geschrieben und gestaltet, sondern in Italien. König Heinrich IV. gab das wertvolle Werk bei der Vertragsunterzeichnung des Jahres 1075 Abt Wilhelm zum Geschenk.

In der Hirsauer Schreibstube wurden jedoch nicht nur fromme Werke abgeschrieben und dadurch vervielfältigt; die weltfernen, aber nicht weltfremden Mönche müssen auch eine stattliche Reihe weltlicher Autoren und Texte kopiert haben, wenn wir zur Ermittlung das Bildungsgut des Konrad von Hirsau heranziehen.

Konrad, dessen Lebensweg den Wilhelms kreuzte, listet in seinem Büchlein mit dem Titel »Dialog über die Autoren oder Lehrbuch« (Dialogus super auctores sive Didascalion) eine ganze Reihe von Schriftstellern auf, die die Weite des Bildungshorizonts abzustecken vermögen. Demnach wurden in Hirsau eine Fülle heidnischer römischer und griechischer Texte gelesen, unter anderem Cicero, Sallust, Horaz, Cato, der griechische Fabeldichter Äsop, um nur einige Exempel anzuführen.

Hirsaus Ausstrahlung

Vom Schwert zum Mönchsgewand

Statt des kriegerischen Kettenhemds das Mönchsgewand, statt der Waffe das Gebetbuch - die heute populäre Losung »Schwerter zu Pflugscharen« der Propheten Micha und Joel (Mich 4,3; Joel 4,10) scheint damals unter dem Einfluß Hirsaus die Runde gemacht zu haben. Zahlreiche Söhne des Adels faßten den Entschluß, »das Schwert mit dem Mönchsgewand zu vertauschen« (Klaus Schreiner). Mit unverhohlenem Staunen schreibt als zeitgenössischer Beobachter der Szene Bernold von Konstanz, der auch Bernold von St. Blasien genannt wird, »daß mancher, der im Weltleben Graf, sogar Markgraf gewesen war, jetzt in der Küche oder der Bäckerei seinen Brüdern diente oder das Vieh weidete«. Herren von Stand strömten in Scharen in die Klöster, um dort im wahrsten Sinne des Wortes ihr Heil zu suchen. Zwar waren schon vordem die Abteien mit Adligen bevölkert gewesen, das Neue jedoch, scheint darin zu liegen, wenn wir Bernolds Worte erwägen, daß die Brüder hoher Herkunft sich nicht mehr zu fein fühlten, niedere, sonst Knechten oder Dienstmägden überlassene Arbeiten zu verrichten. Das benediktinische »ora et labora«, das »bete und arbeite« gilt für alle gleich und macht alle gleich. Gerade die Hirsauer »bemühten sich nach Kräften, die sozialen Schranken einzuebnen und das Gesetz christlicher Bruderschaft« zum Maßstab »ihres Zusammenlebens zu erheben« (Klaus Schreiner).

Kloster für alle

Wilhelm von Hirsau schätzte ohnehin den Adel der Seele höher als den Adel der Geburt. In einem Brief an Graf Hermann von Salm, dem Gegenkönig Heinrichs IV. spricht er vom »leeren Adel« (vana nobilitas). Wirklich achten kann er nur die »Ehrbarkeit geistlicher Männer« (venerabilitas spiritualium virorum). Dem »Gesetz der Brüderlichkeit«, der »lex fraternitatis« als einer der aus dem Evangelium geschöpften Grundregel des klösterlichen Gemeinschaftslebens, läuft jede Form von Standesdünkel ohnehin zuwider. Die Hirsauer zeigten sich daher offen gegenüber allen Ständen und Schichten. Das festgefügte, starre mittelalterliche Ständesystem fand an den Klostermauern der von Wilhelm beeinflußten Konvente seine Grenzen. Der Zwiefalter Chronist Ortlieb vermerkt, daß bei dieser Hirsauer Neugründung alle Bevölkerungsgruppen unterschiedlos sich in die neue Abtei drängten: »So groß war die Zahl der adligen und nichtadligen, der reichen und armen und der durchschnittlich begüterten Personen beiderlei Geschlechts, die an diesen Ort kamen, um ihn aus Liebe zu Gott zu bewohnen, und ihr Eigentum übergaben, daß dieses Tal an geistlicher und zugleich materieller Frucht überzufließen, zu ›jauchzen und zu singen‹ (Ps 65,14) begann.«

In der allseitigen Offenheit, die gesellschaftliche Barrieren eher abbaute und milderte, gründet der weitausstrahlende Erfolg der Hirsauer Bewegung. Das Mönchtum, für das Wilhelm von Hirsau einstand, war ein Mönchtum für alle. Die Klosterpforte ließ die Standesunterschiede weitgehend vergessen. Daher erfaßte die Begeisterung für ein geistliches Leben im Sinne des heiligen Benedikt alle Ebenen, den Hochadligen wie den gemeinen Mann, den Begüterten wie den Habenichts. Hirsau konnte zu Zeiten Wilhelms sich des Zustroms kaum erwehren, wollte es auch gar nicht, sondern sorgte durch eine rege Bautätigkeit, die das größte Kloster auf deutschem Boden in der damaligen Zeit aus dem Boden stampfte, und durch eine stattliche Reihe von Neugründungen, daß allen, die ernsthaft aufgenommen werden wollten, Platz geschaffen wurde. Der Zufluß - hier beschönigen die Chronisten durch ihre eigene

Begeisterung wohl nicht - nahm die Ausmaße einer kleinen Massenbewegung an.

Adel

Begünstigt wurden Ausstrahlung und Resonanz durch alle wesentlichen Kräfte, welche in der Umbruchzeit jener Jahre am Werke waren. Die sozialen und wirtschaftlichen Schwierigkeiten der Epoche trieben die Menschen zu einem Hort materieller Sicherheit, den das Kloster mit seinen Kornkammern, mit seiner im modernen Sinne genossenschaftlichen Versorgung und Struktur darstellte. In der Zeit der Spaltung in ein päpstliches und ein kaiserliches Lager bot das Kloster den Anhängern der päpstlichen Sache einen sicheren Zufluchtsort vor politischer Verfolgung. Und nicht zuletzt schuf das Engagement des Adels die Voraussetzungen für die Möglichkeit der Ausbreitung der Hirsauer Bewegung.

Offensichtlich sahen bestimmte Adelskreise in der Unterstützung der Hirsauer Interessen und Anliegen eine Chance, ihren bisherigen Einfluß zu wahren oder sogar auszuweiten. Einerseits entzog ihnen der Investiturstreit mit seinem Verbot der Laieninvestitur den bisherigen Boden, andererseits drängten innerhalb der Hirsauer Bewegung zahlreiche Männer und Frauen in kirchliche Positionen. Ein gutes Beispiel dafür liefert die mit Papst Leo IX. verwandte Familie der beiden Brüder Luithold von Achalm und Kuno von Wülflingen, benannt nach der Achalm bei Reutlingen und dem Ort Wülflingen bei Zürich. Es sind die Stifter der Hirsauer Neugründung Zwiefalten. Einer ihrer Vettern war Gebhard von Urach, der als Nachfolger von Wilhelm Abt von Hirsau wurde, anschließend von 1105-1107 Bischof von Speyer. Ihr Neffe Theoderich bekleidete in Hirsau zunächst das Amt des Priors, wurde dann zum Abt des Konstanzer Klosters Petershausen berufen, schließlich von 1106-1116 zum Abt von Neresheim. Die Stifter des letzterwähnten Klosters, Adelheid von Kyburg und Hartmann von Dillingen, stehen ebenfalls in engen verwandtschaftlichen Beziehungen zu den Begründern Zwiefaltens. Ihre Tochter Mathilde wiederum wurde Äbtissin von Neresheim, eine weitere Tochter namens Hadwig Nonne in Zwiefalten. Aus der Sippe des Kuno von Achalm und des Luithold von Wülflingen gingen Burkhard, 1100-1112 Bischof von Utrecht, Gebhard, 1131-1141 Bischof von Straßburg, Alberat, Äbtissin von Lindau, hervor. Diese nur unvollständige Aufzählung vermag schon das enge Beziehungsgeflecht zu verdeutlichen.

Eine Schlüsselposition für die Hirsauer Bewegung errang Gebhard von Zähringen. Dieser Hirsauer Mönch aus dem Aurelius-Kloster besetzte als Gebhard III. in einer entscheidenden Phase von 1084-1110 den Bischofsstuhl von Konstanz. Seine Familie, ein hochbedeutendes und einflußreiches Geschlecht - Zähringergründungen sind beispielsweise die Städte Villingen, Bern, Freiburg im Breisgau und Freiburg im Üchtland -, rief 1073 das Kloster Weilheim unter der Teck ins Leben. Es wurde Hirsau beim Eintritt Gebhards von Zähringen geschenkt und war damit vor 1080 das erste Kloster, das zur Hirsauer Bewegung gekommen ist. 1090 verlegte Wilhelm von Hirsau den Konvent als zähringisches Hauskloster, wo der Toten der Familie gedacht wurde, nach St. Peter im Schwarzwald. Hermann, ein weiterer Sohn Bertolds I. von Zähringen (+ 1078) legte in Cluny die Mönchsgelübde ab. Die Zähringer waren versippt mit Rudolf von Rheinfelden, dem Gegenkönig Heinrichs IV. Das erklärt die kirchliche Rückendeckung, die Abt Wilhelm von Hirsau diesem Rivalen des Kaisers zukommen ließ, noch einmal von einer anderen Warte aus. Außer den bereits erwähnten Adelsgeschlechtern, vor allem den Grafen von Calw-Sindelfingen, wurde die Hirsauer Bewegung gefördert von den Pfalzgrafen von Tübingen, die Blaubeuren l085 im Hirsauer Sinne gründeten, den Welfen, wodurch Weingarten der Reform zugeführt wurde, den Grafen von Nellingen und den Grafen von Veringen-Altshausen. »Nur deshalb konnten die Hirsauer mit ihrem Reformprogramm zu überregionaler Wirksamkeit gelangen, weil sie mit der ideellen und der materiellen Unterstützung führender Hochadelsgeschlechter rechnen konnten« (Klaus Schreiner).

Gründungen und Reformen

Die erste eigene Gründung Wilhelms von Hirsau wird für den 15. Mai 1082 in Reichenbach im Murgtal, heute »Klosterreichenbach«, beurkundet. Das neue Kloster besaß zunächst nur den Rang eines Priorats. Wilhelm achtete darauf, daß er als Abt das maßgebliche Weisungsrecht und die Übersicht über die Entwicklung des Konventes behielt.

Sehr früh in Kontakt mit Hirsau kam das Kloster Hasungen bei Kassel. Als 1085 die dortigen Mönche durch den kaiserlich gesinnten Mainzer Erzbischof Wezilo vertrieben wurden, fanden die etwa 70 Mönche in Hirsau Obdach. Abt Wilhelm siedelte sie zunächst in der Neugründung Reichenbach an. Von dort aus wurden dann wieder die Hirsauer Gepflogenheiten in den hessischen Ursprungsort verpflanzt.

Ein Jahr nach Reichenbach, im Jahre 1083 schon, wird St. Georgen im Schwarzwald ins Leben gerufen. Hierher versetzte Wilhelm eine Stiftung, die ursprünglich für Königseggwald bei Aulendorf vorgesehen war. Hier wie in Reichenbach mußten die für das Klosterleben vorgesehenen Räume erst gerodet werden. St. Georgen und Reichenbach können als Pionierstationen betrachtet werden bei der zivilisatorischen Eroberung des bis dahin weitgehend unzugänglichen Schwarzwald.

Bis zu ihrer gewaltsamen Aufhebung im Jahre 1802 war Zwiefalten eine der markantesten Neugründungen Hirsaus. 1089 konnte Wilhelm dorthin zwölf Mönche und fünf Laienbrüder entsenden. Er selbst war bei der Inbesitznahme des Ortes anwesend. Wie radikal - im wörtlichen Sinne »mit der Wurzel ausreißend« - Wilhelm dabei vorging, schildert die Zwiefalter Chronik Bertholds: »Auch kam der vorgenannte Wilhelm persönlich herbei und ließ zunächst nach dem Worte des Propheten ›auf daß du entwurzelst und niederreißest und aufbauest und pflanzest‹, jenes sehr volkreiche Dorf niederreißen und von Grund aus zerstören; dann ging er daran, mit eigenen Händen als ein in solchen Geschäften sehr erfahrener Mann die Maße des Münsters abzustecken und die übrigen Klostergebäude ... schön und zweckmäßig anzuordnen im Namen des Herrn.« Ein ganzes Dorf wurde also dem Erdboden gleichgemacht, vom Schicksal seiner Bewohner erfahren wir nichts. Die Handlung ist jedoch bezeichnend und erhellend. Eine Gottesstadt soll errichtet, erwas gänzlich Neues erbaut werden. Das geistige Programm soll nicht durch die Wurzeln des Alten gestört oder beeinflußt werden können. In ähnlicher Weise verfuhr Wilhelm bei der Reform des Allerheiligen-Klosters in Schaffhausen am Hochrhein. Der Hirsauer Abt reformierte 1079 das dort schon seit der Zeit vor 1050 bestehende Kloster und erntete dafür von Papst Gregor VII. höchstes Lob. Im Zuge seiner Erneuerung ließ Wilhelm den erst seit wenigen Jahrzehnten fertiggestellten Kirchenbau vollständig abreißen und ab 1087 einen von den Vorstellungen Clunys und Hirsaus getragenen Neubau erstellen. Ein neuer Geist fordert seine eigenen Räume.

Eine frühe Schenkung erhielt Abt Wilhelm und sein Kloster Hirsau von der Gräfin Haziga von Scheyern. Sie übereignete ihm 1077 Helingerswang in der Gegend von Bayrischzell. 1080 schickte Wilhelm Mönche dorthin, l087 verpflanzte er das Priorat in das klimatisch günstiger gelegene Fischbachau. Von Anbeginn also reichte der lange Arm der Reform über die engere Region hinaus bis nach Bayern und Mitteldeutschland.

In den 80er Jahren des 11. Jahrhunderts erfolgte der Durchbruch von Wilhelms Vorstellungen gewissermaßen Schlag auf Schlag. Der frühere Hirsauer Mönch und nunmehrige Bischof der Diözese Konstanz, Gebhard III. von Zähringen, gliederte 1085 das frühere bischöfliche Eigenkloster Petershausen der Hirsauer Bewegung an. Im selben Jahr besiedelten zwölf Hirsauer Mönche unter einem Prior namens Ernst in der Nähe von Gotha die Neustiftung Reinhardsbrunnen des Grafen Ludwig von Thüringen. Ebenfalls 1085 riefen die Pfalzgrafen Hugo und Anselm von Tübingen sowie ihr naher Verwandter Sigiboto von Ruck in Blaubeuren ein zuvor in Egelsee bei Feldstetten vorgesehenes Kloster ins Leben. Es wurde noch zu Lebzeiten Wilhelms von Hirsau mit Mönchen aus dem Kloster im Nagoldtal in Besitz genommen. Um 1088 faßte die Hirsauer Reform im Kloster St. Peter in Erfurt Fuß. Abt Wilhelm selbst soll dort nach den Angaben in der Lebensbeschreibung das mönchische Leben eingeführt haben. Für 1090 ist die Annahme der Hirsauer Reform in Comburg, dem heutigen Großcomburg bei Schwäbisch Hall, verbürgt.

1091, in seinem Todesjahr, drangen Wilhelms Vorstellungen der Erneuerung des Mönchtums über die Alpen vor. Drei Klöster schlossen sich etwa gleichzeitig Hirsau an: St. Paul im Lavantal und Allerheiligen in Millstatt, in Kärnten gelegen, sowie St. Peter in Rosazzo in Friaul.

Und auch nach dem Tode ihres Initiators bewies die Hirsauer Bewegung ungebrochen ihre Lebenskraft. Die Kette riß nicht ab. Es folgten die Reichsabtei Corvey l093, Weingarten und Alpirsbach 1095, ein Jahr später Isny. 1099 kam das Kloster Berge bei Magdeburg hinzu, 1100/02 Lorch, 1103 Gottesaus. Zur Hirsauer Reform gehörten schließlich das Kloster auf dem Michelsberg bei Bamberg (1112) und die Reichsabtei Lorsch (1167).

Die Methode der Reform war im allgemeinen immer die gleiche. Die Hirsauer Vorschriften wurden nicht einfach formal übernommen, immer waren auch Mönche aus dem Schwarzwaldkloster selbst oder aus Hirsau eng verbundenen Konventen beteiligt. Diese wurden, zumeist als Äbte oder Prioren, Mitglieder der zu reformierenden Gemeinschaften. Mit ihrem Lebensstil, mit ihrer praktischen Erfahrung führten sie vor, wie die Erneuerung aussehen soll. Gleich kultivierten Reisern wurden sie alten Stämmen zur Veredelung aufgepfropft.

Die Historiker teilen heute die einzelnen Verästelungen der Ausbreitung der Hirsauer Reform in zehn Gruppen ein (Hermann Jakobs). Von zahlreichen der anfänglichen Gründungen und Anschlüsse gingen eigene Anstöße und Reformerfolge aus, ohne daß dadurch die Herkunft und der Ursprung aus Hirsau verleugnet würde. An der Spitze einer solchen Gruppe stehen beispielsweise Schaffhausen, St. Georgen oder Petershausen. Es gibt eine Gruppe Corvey-Pegau, eine Gruppe Berge, zu dem das Frauenkloster Königslutter östlich von Braunschweig gehörte und von der das Missionskloster Stolp an der Peene ausging, und eine Gruppe Prüfening, welche vom niederbayerischen Raum bis nach Göttweig bei Krems ausstrahlte. Außerdem eine Gruppe Michelsberg

(Bamberg), die das seit 744 bestehende, auf Bonifatius zurückgehende Reichskloster Fulda um die Mitte des 12. Jahrhunderts mit Hirsauer Gepflogenheiten bekannt machte.

Schließlich gehört dazu die Gruppe Admont mit über Jahrhunderte hinweg vitalen Abteien wie Melk oder St. Peter in Salzburg. Über Admont erhielt auch Wilhelms Heimatkloster St. Emmeram in Regensburg im Jahre 1143 die Ordnung Hirsaus. Insgesamt rechneten sich rund 100 Frauen- und Männerklöster Ende des 12. Jahrhunderts zur Hirsauer Bewegung.

Wilhelms Tod

Die Einweihung des Peter-und-Paul-Münsters von Hirsau markiert den äußeren Höhepunkt und zugleich die sichtbare Vollendung des Lebenswerkes von Abt Wilhelm. Nur zwei Monate nach diesem Ereignis, am 5. Juli l091, stirbt der Erbauer »in der Fülle seiner Jahre«. Am Hirsauer Hochfest, dem Patrozinium der Apostelfürsten Petrus und Paulus (29. Juni) beschlich den Klostervorsteher eine körperliche Abgeschlagenheit, notiert Haimo in dessen Lebensbeschreibung. Trotz seiner Schwäche nahm Wilhelm sowohl an den nächtlichen Gebetszeiten wie auch an den Gottesdiensten tagsüber teil. In der darauffolgenden Nacht vermochte er vor Krankheit nicht mehr selbst aufzustehen, doch hatte er ein göttliches Gesicht, eine Vision, aus der er Trost schöpfte. In ihr wurde ihm bedeutet, daß die Heiligen Petrus und Paulus ihm zu Hilfe eilen werden. Im Zwielicht der Morgendämmerung - ein vom Autor der Vita sicherlich mit Bedacht gewähltes Wort, weil er im Sterben einen Übergang aus der Nacht der Welt in das ewige Licht sah, - im Zwielicht befahl Wilhelm, obwohl er sich kaum bewegen konnte, daß er ins Oratorium, den Chorbereich der Klosterkirche, geführt und für die Meßfeier gekleidet werde. Auf beiden Seiten gestützt feierte er auf dem Altar der Apostel Petrus und Paulus, dem Hochaltar also, das Meßopfer. Dabei wiederholte er die Worte des heiligen Paulus: »Ich weiß, wem ich Glauben geschenkt habe, und bin überzeugt, daß er die Macht hat, das mir anvertraute Gut zu bewahren bis zu jenem Tag« (2 Tim 1,12). Der volle Sinn dieses Zitats erhellt sich, wenn in Erinnerung gerufen wird, daß nach mittelalterlicher Vorstellung im Sterben von den bösen Mächten noch einmal - und zwar am härtesten - um die Seele des Menschen gerungen wird. So verlief Wilhelms letzte Zelebration der Messe.

Am vierten Tage nach seinem Schwächeanfall kam er in den Kapitelssaal, den Versammlungsraum der Mönche, um die Brüder noch einmal zu sehen und zu ermahnen. Der Kapitelssaal trägt seinem Namen daher, weil in ihm die Kapitel der Regel Benedikts vorgetragen, weil in ihm die Richtlinien und Weisungen zur Einhaltung der Klosterordnung gegeben werden. Wilhelm begann vor den anwesenden Brüdern im einzelnen in Erinnerung zu rufen, was immer er ihnen bis dahin aufgetragen hatte, und sie anzuhalten, von Tag zu Tag zum Besseren fortzuschreiten. Zuerst sprach er von der Liebe zu Gott, in der sie nicht nachlassen sollten, dann - voll der Begeisterung für das Leben als Mönch - von der Zuneigung zueinander, von der hochzuhaltenden Gastfreundschaft, vom Almosen und der Großzügigkeit im Geben. Darauf hob er an mit gequälter Stimme und sprach: »Eines war es, was mich sehr erbittert und beschwert hat, das ich Gott klagend auch euch vorhalte.« Und nachdem alle ganz still geworden waren, fuhr er fort: »Es gab unter uns einige Brüder, die mehr nach ihrer Schlauheit als im Sinne geistlicher Einfachheit lebend mich durch ihre Reden und Ratschläge oft zur Verzweiflung brachten und sich der christlichen Einfachheit widersetzten. Aber der allmächtige Gott hat allmählich alle von uns geschieden und aus dem Kloster entfernt.« An diese Sätze schloß er unmittelbar an: »Von nun an geliebte Brüder, werde ich keine Kapitelversammlung mehr mit euch halten. Hört daher, meine Söhne, auf den letzten Satz eures Vaters und bewahrt in eurem Gedächtnis, was ihr gesehen und gehört habt.« Darauf zog sich Wilhelm in seine bescheidene Zelle zurück, gestattete aber jedem, der es wollte, ihn wie bislang üblich zu besuchen. Drei Tage später verlangte er, zum Altar der heiligen Jungfrau Maria getragen zu werden, und nachdem der Konvent der Mönche dort für ihn die Messe gefeiert hatte, wurde er durch die Salbung mit dem Krankenöl und durch den Empfang des Leibes und Blutes Christi für seinen Ausgang aus diesem Leben gestärkt. Von allen erbat er Verzeihung und allen gewährte er seinerseits Versöhnung. Mit väterlicher Rührung küßte er und umarmte er jeden einzelnen, den Anwesenden sagte er ein letztes Lebewohl, die Abwesenden versicherte er seiner innigen Liebe. Zugleich beschwor er und bat inständig, an der

Einheit der Kirche und an der Unterordnung unter den apostolischen Stuhl unverrückt festzuhalten. Zuletzt schloß er mit erhobenen Händen die kurze Ansprache und sagte: »Gott rufe ich zum Zeugen, daß ich euch immer bis zu diesem Zeitpunkt treu und gütig geführt habe.« Nachdem man ihn aus dem Oratorium zurückgetragen hatte, weinten die einzelnen unter Wehklagen und Seufzen um ihn, weshalb er an sie das Wort richtete: »Das Sterben eines gerechten Menschen kann nicht als Tod bezeichnet werden, sondern eher als eine Verwandlung, weil er verwandelt wird von der Sterblichkeit zur Unsterblichkeit, vom Irdischen zum Himmlischen.«

Am Tag danach wurde Wilhelm auf die Krankenstation des Klosters verlegt. Um das Hinscheiden des Abtes zu beschreiben, greift Haimo zum Bild von der Wüste, indem er diese Welt als »Ägypten« bezeichnet. Zugleich aber machte er sie an Israel erinnernd, als Exil kenntlich, so wie der Dichter des zeitgenössischen »Salve regina« in seinem Lied von »hoc exilium«, von diesem »Verbannungsort« redet, wenn er die Welt meint.

Es war Nachmittag, der 5. Juli, als Abt Wilhelm unter Beisein seines in Tränen und Trauer aufgelösten Konvents in einem seligen Ende alles überstanden hatte, »er seine an Verdiensten volle Seele Gott zurückgab und er, vom Ägypten dieser Welt hinweggerafft, hinging zum Land der Lebenden, um dort immer zu wohnen«.

Zur Bestattung kamen zwei Bischöfe, fünf Äbte, zahlreiche Geistliche und eine große Menge von Frauen und Männern. Fünf Tage dauerten die Trauerfeierlichkeiten. Begraben wurde er in der Mitte der den Apostelfürsten geweihten Kirche von Hirsau.

Wilhelm, der Selige

Das Sterben Wilhelms vollzog sich langsam. Große Sorgfalt verwendete der Chronist Haimo auf die Darstellung des allmählichen, des schrittweisen Ablösens Wilhelms von der Welt. Sein Tod war nicht der plötzliche, der aus heiterem Himmel sozusagen trifft, und der heutzutage so gern als der schöne, der wünschenswerte gepriesen wird, weil schmerzlos und frei vom Leiden. Der schnelle, der unvorbereitete Tod, das wäre für den mittelalterlichen Menschen - und nicht allein für diesen - der wahrhaft schreckliche. Nichts schlimmer als dies, daß keine Zeit zur Reue bleibt, keine Geste der Versöhnung mehr möglich ist, wenn die Angelegenheiten ungeregelt zurückbleiben. Den plötzlichen, den unerwarten Tod, den stirbt dieser Vorstellungswelt zufolge der Gottlose. Der Fromme hingegen bereitet sich vor, für ihn ist das Sterben ein Prozeß, der Prozeß seines ganzen Lebens, auf den hin er sich ausrichtet. Er beherrscht, ist eingeübt in die Kunst des Sterbens, hat nach der Forderung der Benediktregel »den drohenden Tod sich täglich vor Augen gehalten«. Das Sterben Wilhelms, seine ruhige, besonnene Vorbereitung auf den Tod, wird zum Spiegel seines gesamten Lebensweges. So verläßt ein heiligmäßiger Mensch, der für die Seligkeit bestimmt ist, das Reich des Vergänglichen, um in die Ewigkeit einzugehen. Die zeitgenössischen Texte, die sein Leben beschreiben und die übrigen mittelalterlichen Quellen, die sich mit der Person Wilhelms befassen, haben nichts anderes im Sinn, als den Heiligen in ihm herauszustellen. Wilhelm von Hirsau taucht in zahlreichen Quellen auf. Sein Name steht in kaiserlichen und päpstlichen Urkunden, er erscheint in Briefen und nicht zuletzt besitzen wir einen beträchtlichen Teil seiner Schriften. Die detailreichsten Informationen bieten aber jene Texte, in denen Wilhelm von Hirsau in der Heiligkeit seines Lebenswandels nachgezeichnet wird.

Eine vielleicht modern anmutende kritische Durchsicht dieser hagiographischen, mithin im Stil und im Bemühen der Legendenbildung verfaßten Schriften, müßte vieles in Frage stellen, würde manches als von anderer Seite übernommene, als mehrfach feststellbare gängige literarische Prägung entlarven. Doch was hülfe es? Nur ein wenig Farbe würde aus dem Bild Wilhelms von Hirsau gewischt. Darunter blieben mehr oder weniger blaße Konturstriche und Vorzeichnungen übrig. Wir wollen es am Schluß, wohl um die Hinterfragbarkeit wissend, dennoch beim bunten Fresko belassen, schon weil die Gefahr besteht, daß wir im Übereifer der Korrektur den gesamten farbigen Verputz und damit wesentliche Teile des Originalbildes herunterklopfen, um schließlich mehr oder weniger ernüchtert vor einem letztlich zerstörten Gemälde zu stehen.

Doch brauchen wir nicht allzu ängstlich zu sein. Die historisch sicherbare Person Wilhelms von Hirsau besitzt, wie wir gesehen haben, in ihrer enormen Vielseitigkeit, in ihrem dynamischen Lebensweg und in ihrer überragenden geschichtlichen Lebensleistung Kolorit genug. Im übrigen muß auch die legendäre Umwicklung seiner Gestalt als Bestandteil ihrer Geschichtlichkeit genommen werden, insbesondere der Wirkungsgeschichte. Denn nicht zuletzt wurden die Lebensbeschreibungen Wilhelms von Hirsau in der Absicht verfaßt, ein erzieherisches Beispiel zu geben, das Lehrstück eines christlichen, eines monastischen Lebens vor Augen zu führen.

Was in den Lebensbeschreibungen des Wilhelm angesprochen wird, das besitzt auch in der Gegenwart ungebrochene Aktualität. Wenn wir genau lesen und hinhören, dann wird in einer wirtschaftlich außerordentlich schwierigen Ära, in der ein Heer von Armen und Bedürftigen durch die Lande streift, von Wilhelm einer Kultur des Teilens das Wort geredet. Die bewußt gewählte Einfachheit des Mönchlebens versteht sich als eine Antwort auf die hemmungslose Inanspruchnahme, Ausnutzung und Ausbeutung der Güter der Erde. Wilhelm trägt die tiefe Überzeugung, daß ein Leben nach und aus dem Evangelium die Lösung beinhaltet für die zahllosen, oft unüberschaubaren Probleme seiner Zeit.

Rücken wir zunächst Wilhelms charakterliche, menschliche Vorzüge in den Vordergrund. Wilhelm war nicht nur ein Intellektueller, ein kühler Wissenschaftler; er besaß darüberhinaus in hohem Maße die Gabe der Einfühlung, war zudem ein Psychologe, ein Menschenkenner. Er bewies sich als Mann mit Herz, hatte Mitleid mit Mensch und Tier. Gleich dem großen Heiligen des 13. Jahrhunderts, dem heiligen Franz von Assisi (1181/82-1226), kümmerte ihn das Los der Kreatur. Während eines schneereichen, bitterkalten Winters beobachte er das Elend der Vögel. Er befahl daher dem Scheunenverwalter, für die Vögel, die vor Kälte und Hunger zugrunde zu gehen drohten, einige Garben Hafer an die Zäune zu binden. Nachdem dieser ihm bedeutet hatte, daß er keinen Hafer besäße, verlangte Wilhelm, daß Weizen verkauft würde und vom Erlös Hafergarben angeschafft.

»Mit seinem tiefen Ernst«, weiß der Biograph Haimo, »verband sich bei Wilhelm eine herzliche Freundlichkeit, durch die er die Herzen der Menschen auf sanfte Weise gewann. Keinem neidisch, war er verschwenderisch in seiner Liebe und in seiner Freigebigkeit überwältigend.« Wilhelm, dem heiligmäßigen Abt von Hirsau, war auch die Gabe des Heilens zuteil. Der Heilige, das Heilige heilt. Wilhelm gibt sich darin als echter Nachfolger der Apostel zu erkennen, von denen ebenfalls Heilkraft ausging. Als Wilhelm eines Tages in Hirsau über die Nagoldbrücke ging, begegnete ihm ein armer Kranker. Der Abt kannte ihn, weil er jahrelang schon im Armenhaus des Klosters unterhalten wurde. Auf Krücken schleppte er sich dem Abt entgegen. Wilhelm entriß ihm jedoch eine seiner Stützen, trat einige Schritte zur Seite und forderte den Kranken auf, zu ihm zu kommen. Der weigerte sich, mit dem Hinweis, daß es ihm unmöglich sei. Wilhelm blieb freilich fest und sagte: »Ich werde hier nicht weggehen, bis du zu mir kommst.« Schließlich gehorchte der Kranke und unternahm alle Mühe. Als er bei Wilhelm anlangte, konnte er auch die andere Krücke wegwerfen. Die Geschichte ist bezeichnend, nicht nur als Heilungswunder. Wilhelm erweist sich in ihr vielmehr als Lehrer des selbständigen, des aufrechten Gangs. Nicht nur die Selbständigkeit der Kirche war ihm ein Anliegen, sondern auch die Eigenständigkeit des einzelnen Menschen.

Fraglos haben die Mönche des Hirsauer Kulturkreises Wilhelm nach seinem Tode als Heiligen verehrt. Die Lebensbeschreibung Haimos oder Äußerungen Bernolds liefern die Beweise. Ein sechsstrophiger Hymnus aus dem Wiener Schottenkloster ist an den seligen Wilhelm gerichtet. Die 4. Strophe lautet in freier Übertragung: »Dieser (Wilhelm) lebte gleich einem Opferlamm / durch alle Spannen seines Lebens./ Er tilgte in sich die Laster / trug dabei des Kreuzes Wundmale.«

Wilhelm, der so viel für das benediktinische Mönchtum im 11. Jahrhundert bewegte, ist nie heilig gesprochen worden. Weshalb wissen wir nicht. Offensichtlich schien seinen Brüdern seine Verehrung so selbstverständlich, daß sie sich nie der Mühe eines langwierigen Heiligsprechungsprozesses unterwarfen. So führt er nur den Titel eines Seligen. Selige sind nach gängiger katholischer Auffassung Heilige, deren Verehrung im regionalen Rahmen erlaubt ist.

Den Zeitgenossen erschien es, daß Wilhelm an Klugheit alle übrigen übertraf und die Weisen bewunderten ihn wegen der göttlichen Unschuld seines reinen Geistes. Von taubenhafter Einfachheit sei er gewesen, das heißt friedfertig und geisterfüllt. In seiner tiefen Einfalt sei er ein Mann gewesen, der »Gottes voll« war. »Gottes voll« zu sein, das bedeutet Seligkeit, das heißt Heiligkeit.

Quellen

Schriften des Wilhelm von Hirsau

Guilielmi Hirsaugiensis Philosophicarum et astronomicarum institutionum libri tres, Basileae 1531.

Musica Sancti Wilhelmi Hirsaugiensis Abbatis, Migne Patrologia Latina 150, 1147 ff.

Die Musik Wilhelms von Hirsau. Wiederherstellung, Uebersetzung und Erklärung seines musik-theoretischen Werkes von Hans Müller, Frankfurt a. M. 1883.

Sancti Wilhelmi Constitutiones Hirsaugiensis, Migne Patrologia Latina 150, 923 ff.

Sancti Wilhelmi Abbatis Hirsaugiensis Praefatio in sua astronomica, Migne Patrologia Latina 150, 1639 ff.

Wilhelm von Hirsau, Brief an König Hermann,
Monumenta Germaniae Historica, Briefe der deutschen Kaiserzeit 5,
Nr. 18, 41 ff.

Sonstige

Bernold von St. Blasien: Chronicon, Monumenta Germaniae Historica, Scriptores (MGH SS) 5, 385 ff.

Codex Hirsaugiensis, MGH SS 14, 254 ff; E. Schneider (Hg.), in: Württembergische Vierteljahrshefte für Landesgeschichte 10, 1887, Anhang 1-78 (Württembergische Geschichtsquellen 1).

Conradi Hirsaugiensis Dialogus super auctores sive Didascalion, hg. von Georg Schepss, Programm des kgl. alten Gymnasiums zu Würzburg 1888/89, Würzburg 1889.

Gregor VII., Privileg für Hirsau, Germania pontif. 3, 121 Nr. 3.

Heinrich IV., Privileg für Hirsau, MGH, Heinrici IV. Diplomata Nr. 280, 357 ff.; Wirtembergisches Urkundenbuch I, Stuttgart 1849, 276 ff.

Othloni Libellus des suis tentationibus, varia fortuna et sriptis, Migne Patrologia Latina 146, 27 ff.

Othloni Dialogus de tribus Quaestionibus, Migne Patrologia Latina 146, 59 ff.

Summenhart, Conradus de: De decem defectibus virorum ecclesiasticorum, Tübingen 1498.

Trithemius, Johannes: Annales Hirsaugiensis 1.2, St. Gallen 1690.

Trithemius, Johannes: Catalogus scriptorum ecclesiasticorum, Basel 1531.

Trithemius, Johannes: Chronicon insigne monasterii Hirsaugiensis Ordinis S. Benedicti, Basel 1539.

Die Zwiefalter Chroniken Ortliebs und Bertholds, hg. von Luitpold Wallach, Erich König und Karl Otto Müller (Schwäbische Chroniken der Stauferzeit 2), Sigmaringen 1978.

Literaturhinweise

Ariès, Philippe: Geschichte der Kindheit, München [9]1990.

Die Benediktregel. Lateinisch-deutsch, hg. von Basilius Steidle, Beuron [3]1978.

Bibliotheca Hagiographica Latina II., ed. socii Bollandiani (Subsidia Hagiographica 6), Bruxelles 1900-1901.

Bischoff, Bernhard: Literarisches und künstlerisches Leben in St. Emmeram (Regensburg) während des frühen und des hohen Mittelalters, in: ders.: Mittelalterliche Studien II, Stuttgart 1967.

Borgolte, Michael: Die Grafen Alemanniens in merowingischer und karolingischer Zeit. Eine Prosopographie (Archäologie und Geschichte. Freiburger Forschungen in Südwestdeutschland Bd. 2), Sigmaringen 1986.

Borst, Arno: Lebensformen im Mittelalter, Frankfurt u. a. 1979.

Bossert, Gustav: Die Vorgeschichte des Klosters Hirschau, in: Blätter für württembergische Kirchengeschichte 4, 1889, 49-52.

Brackmann, Albert: Zur politischen Reform des elften Jahrhunderts, in: Blätter für württembergische Kirchengeschichte N.F. 65, 1965, 238-246.

Büttner, H.: Abt Wilhelm von Hirsau und die Entwicklung der Rechtsstellung der Reformklöster im 11. Jahrhundert, in: Zeitschrift für Württembergische Landesgeschichte 25, 1966, 321-338.

Doyé, Franz von Sales: Heilige und Selige der römisch-katholischen Kirche, 2 Bde. Leipzig 1929.

Eimer, Manfred: Über die sogenannte Hirsauer Bauschule, in: Blätter für württembergische Kirchengeschichte N. F. 41, 1937, 1-56.

Frank, Karl Suso: Die Geschichte des christlichen Mönchtums, Darmstadt 1988.

Goez, Werner: Gestalten des Hochmittelalters. Personengeschichtliche Essays im allgemeinhistorischen Kontext, Darmstadt 1983.

Haller, Johannes: Das Papsttum. Idee und Wirklichkeit, Bd. 2, Urach-Stuttgart 1950 (Nachdruck Hamburg 1965).

Hirsau. St. Peter und Paul 1091-1991, Hg. Landesdenkmalamt, Archäologische Denkmalpflege, Stuttgart 1991.

Irtenkauf, Wolfgang: Hirsau. Geschichte und Kultur. Lindau-Konstanz 1959.

Jakobs, Hermann: Die Hirsauer. Ihre Ausbreitung und Rechtsstellung im Zeitalter des Investiturstreits (Kölner Historische Abhandlungen 4), Köln-Graz 1961.

Keller, Hagen: Zwischen regionaler Begrenzung und universalem Horizont. Deutschland im Imperium der Salier und Staufer 1024 bis 1250 (Propyläen Geschichte Deutschland 2), Berlin 1986.

Kerker, Moritz: Wilhelm der Selige, Abt von Hirschau und Erneuerer des süddeutschen Klosterwesens zur Zeit Gregors VII., Tübingen 1863.

Kloster Blaubeuren 1085-1985. Benediktinisches Erbe und Evangelische Seminartraditionen. Katalog zur Ausstellung der Evangelischen Seminarstiftung und des Hauptstaatsarchivs Stuttgart, hg. von Immo Eberl, Sigmaringen 1985.

Klosterleben im Mittelalter. Nach zeitgenössischen Quellen von Johannes Bühler, hg. von Georg A. Narciß, Frankfurt a. M. 1989 (Nachdruck der Ausgabe Leipzig ²1923).

Mettler, Adolf: Kloster Hirsau, Augsburg 1938.

Müller, Ernst: Die Reform des Abtes Wilhelm (gest. 1091) . Forschungsbericht über H. Jakobs: Die Hirsauer, ihre Ausbreitung und Rechtsstellung im Zeitalter des Investiturstreites, Tübinger Forschungen Nr. 8, Mai 1962.

Pretsch, Hermann Josef (Hg.): 900 Jahre Benediktinerabtei Zwiefalten, Ulm 1989.

Ratisbona Sacra. Das Bistum Regensburg im Mitttelalter. Ausstellung anläßlich des 1250jährigen Jubiläums der kanonischen Errichtung des Bistums Regensburg durch Bonifatius 739-1989 (Katalog und Schriften Diözesanmuseum Regensburg Bd. 6), München-Zürich 1989.

Schreiner, Klaus: Sozial- und standesgeschichtliche Untersuchungen zu Benediktinerkonventen im östlichen Schwarzwald, Stuttgart 1964.

Schreiner, Klaus: Hirsau, in: Die Benediktinerklöster in Baden-Württemberg, bearbeitet von Franz Quarthal u.a. (Germania Benedictina 5), Augsburg 1975, 281-303.

Schreiner, Klaus: Mönchtum zwischen asketischem Anspruch und gesellschaftlicher Wirklichkeit, in: Zeitschrift für Württembergische Landesgeschichte 41, 1982, 250-307.

Schreiner, Klaus: Vom adeligen Hauskloster zum ›Spital des Adels‹. Gesellschaftliche Verflechtungen oberschwäbischer Benediktinerkonvente im Mittelalter und in der frühen Neuzeit, in: Rottenburger Jahrbuch für Kirchengeschichte 9, 1990, 27-54.

Schützeichel, Rudolf: Das alemannische Memento Mori. Das Gedicht und der geistig-historische Hintergrund, Tübingen 1962.

Tellenbach, Gerd: Die westliche Kirche vom X. bis zum frühen XII. Jahrhundert (Die Kirche in ihrer Geschichte Bd. 2, F1), Göttingen 1988.

Tüchle, Hermann: Kirchengeschichte Schwabens, Bd. 1, Stuttgart ²1950.

Württembergische Kirchengeschichte, hg. vom Calwer Verlagsverein, Calw-Stuttgart 1983.

Die Zähringer I. Eine Tradition und ihre Wirkung, hg. von Karl Schmid (Veröffentlichungen der Zähringer-Ausstellung I), Sigmaringen 1986.

Die Zähringer II. Anstoß und Wirkung, hg. von Hans Schadeck und Karl Schmid (Veröffentlichungen der Zähringer-Ausstellung II), Sigmaringen 1986.

Zimermann, Gerd: Wilhelm von Hirsau, in: Lebensbilder aus Schwaben und Franken, hg. von Max Miller und Robert Uhland, Stuttgart 1963, 1-17.

Zimmermann, Harald: Das Mittelalter. I. Teil: Von den Anfängen bis zum Investiturstreit, Braunschweig 1975.

Bildnachweis

Flechtwerkplatte aus St. Aurelius: Landesbildstelle Württemberg; St. Aurelius Hirsau, Innenansicht: Marianne Götz; Hirsauer Tafelbild von Sebastian Bopp: Landesdenkmalamt Karlsruhe/Klostermuseum Hirsau; Ambo (Teilansicht): Evangelische Gesamtkirchenpflege Freudenstadt; alle übrigen Abbildungen: Wolfgang Urban.